政治的に無価値なキミたちへ

HIRO OHTA

大田比路

AN INTRODUCTORY COURSE
ON POLITICS
FOR ALL POLITICALLY
WORTHLESS PEOPLE

イースト・プレス

警察は、さもあなたの安全を
心配しているようなことを言っていますが、
彼らの狙いは我々です。
警察は、民間人ひとり犠牲になるぐらい、
なんとも思っちゃいません。
彼らの本当の狙いは、
我々から革命という政治目的と社会意識を
奪うことにあるんです。

——映画『実録連合赤軍』より

PREFACE

　この本は、著者の私が早稲田大学で担当してきた政治学系講義の内容をまとめて、2018年にAmazon Kindle上にてテキストブックとして公開したものだ。今回、それが一般書籍として刊行されることになった。

　本書は、著者の教壇におけるスピーチ内容を単純にそのまま移植したものであり、文体は口語体となっている。本文中に挿入された図表等も、講義中に用いられたスライド内容をそのままコピーしたものである。可能な限り、大学講義の雰囲気をそのまま体感できる書籍となっている。

　本書を出版するにあたって、出版社の方で情報の更新が部分的に為されているが、原則としては、私自身が2018年時点で作成した内容となっている。この本を読んでいただくにあたって、その点だけ頭の片隅に入れておいてもらえれば幸いである。

　Prefaceの最後に謝辞を述べたい。本書は、iPhoneとMacBook ProとiMacとPagesとKeynoteとNumbersとUlyssesによって作成された。本書は、これまで筆者の講義を受講してくれた大学生およそ累計5500名のレポート内容から強い影響を受けている。本書の形成に寄与したあらゆる存在に、あらためて心から感謝と御礼の意を示したい。

　　　　　　　　　　　　　　　　　　　　　　　　　著者より

TABLE OF CONTENTS

LECTURE

01

価値

VALUE

オレは悪役が好きなんだ
何かに夢中になってる人間って魅力的じゃないか
ヤツラは目標を持ってる
イデオロギーを持ってる
それがどんなにねじ曲がったものだろうと関係ないさ
ヤツラには情熱があるんだよ

──ラッセル・クロウ

政治的質問

　この本をスタートさせるにあたって、読者のキミにいくつかの政治的質問をしてみよう。いまから手元に紙切れを1枚出して、下の図をそのまま書き写してほしい。そうしたら、いまから18の質問を出すので、空欄に○か×を記入する形で回答してほしいんだ。

　この質問で、キミは自分の政治イデオロギーを把握できる。自分にはなんのイデオロギーもないって？　そう思うなら、なおさら回答してみてほしい。

C1	C2	C3	C4	C5	C6	C7	C8	C9

○が5つ以上　**C+**	○が4つ以下　**C−**

E1	E2	E3	E4	E5	E6	E7	E8	E9

○が5つ以上　**E+**	○が4つ以下　**E−**

　質問内容は、あくまでおおまかで曖昧な問いかけだ。質問内容の意味を深く考え込む必要はない。直感的に「どちらかと言えば○」「どちらかと言えば×」と思ったとおりに○か×を付ければ良い。では、さっそく質問に移ってみよう。

01
価値
／02／人権
／03／教育
／04／労働
／05／階級
／06／結婚
／07／生命
／08／秩序
／09／刑罰
／10／象徴
／11／政府
／12／国民
／13／恐怖

　まずはCの項目からだ。この「C」が何を示すのかは後で説明する。とにかく、下にある9つの項目に関して、それを肯定する場合は○を付け、否定する場合は×を付けてほしい。繰り返すけど、質問内容の意味を深く考え込む必要はない。直感で回答すればOKだ。

C1　死刑制度は廃止されるべき

C2　刑務所の囚人に週末帰宅権を保障すべき

C3　夫婦の苗字は同じであっても違っていてもかまわない

C4　1:2 および 2:2 の結婚形態も許容されるべき

C5　公立学校における児童清掃活動の強要は禁止すべき

C6　公立学校におけるクリスマス会は禁止すべき

C7　局部を直接描写するポルノ表現は合法化されるべき

C8　成人による売春行為は合法化されるべき

C9　成人による大麻所持は合法化されるべき

　さて、キミはいくつ○を付けただろうか。○の数が5つ以上だったら「C＋」を○で囲ってほしい。○の数が4つ以下だったら「C－」を○で囲ってほしい。これがいかなる意味を持つかは後で説明しよう。

　次はEの項目に移ろう。この「E」が何を示すのかは後で説明する。とにかく、下にある9つの項目に関して、それを肯定する場合は○を付け、否定する場合は×を付けてほしい。繰り返すけど、質問内容の意味を深く考え込む必要はない。直感で回答すればOKだ。

E1	全国の国公立大学・大学院の授業料は無料にすべき
E2	日本全国の大学生に毎月10万円の給与を支払うべき
E3	最低賃金は全国平均で時給2000円に引き上げるべき
E4	通常医療を無料で受ける権利を全国民に保障すべき
E5	政府は貧困層に対して住居を無償で貸し出すべき
E6	あらゆる労働者に4週間の夏休みを有給で保障すべき
E7	すべての一般公務員にストライキ権を保障すべき
E8	1日8時間を超える労働は絶対的に禁止すべき
E9	失業手当は就職が決まるまで無期限で支払われるべき

　さて、キミはいくつ○を付けただろうか。○の数が5つ以上だったら「E+」を○で囲ってほしい。○の数が4つ以下だったら「E−」を○で囲ってほしい。これがいかなる意味を持つかは後で説明しよう。

　ここまで、18の質問をキミに投げかけた。結果として、キミは C+/C−/E+/E− のいずれか2つを○で囲ったはずだ。これでキミは、この本を読み始めるにあたって、**自分の政治イデオロギーを把握する**ことができる。

　下図を見てほしい。この十字に区切られた4つのスペースのうち、キミはそのいずれかに位置しているはずだ。現代における主要なイデオロギーは4つほど存在する。この4つのスペースこそ、その4つのイデオロギーを意味している。では、キミはどのようなイデオロギーになるのか。それは次章で説明しよう。

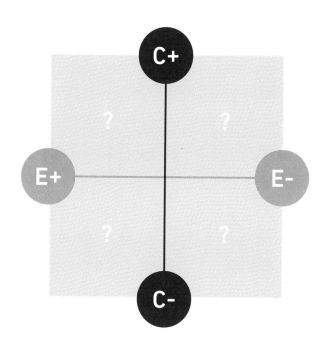

政治に殉じろ

これで本章は実質的に終わりだけど、次の章に移る前に、この本を読み進めるにあたっての注意事項が3点ある。この章はガイダンスみたいなものなので、もし時間的余裕があれば、以下の文章も読んでほしい。

第1に、この本は単なる政治の教科書ではない。もちろん、この本を読むことで、政治についての知識を色々と得ることはできる。しかし、それはこの本の最大目的ではない。

10年以上前、母校の早稲田大学から「政治学系の講義を受け持ってみないか」とオファーがあった時、ボクはこう思った。いまどきの大学生なんて、政治への興味なんかほとんどない。どうせラク単狙いの無気力な学生ばかり受講するんじゃないか。

そこでボクは、彼らをなんとかして「政治的存在」にしてみよう、政治に興味を持たざるを得ない情報を与えて、最終的にはなんらかの政治的行動に出るような人間を1人か2人は作ってみようと考えた。

つまり、この本は「政治学への入門書」ではなくて「政治への入門書」「政治へのプロパガンダ」だ。若者たちを政治の殉教者にしてやろうという個人的なたくらみを書籍化してみたわけだ。そういう意味では、この本を手にとったキミ自身が少しでも政治的存在になれば、この本の目的は達成されたと言える。

タテマエに殉じろ

第2に、この本の中には、キミにとって「知りたくなかったもの」が時々出てくるかもしれない。しかし、聞きたくないことにも耳をふさいではいけない。この本は、もともと大学の講義コンテンツだ。そして、大学は学問をするところ。**世界に存在する真理を探すところ**だ。その真理の中には苦いものもある。苦いものが苦手な人間は、そもそも大学に入るべきではない。

もっとも「大学は学問をするところ」なんて、ただのタテマエであることも確かだ。かつての牧歌的時代のことは知らないけど、少なくとも現代の大学は、ただの**学位販売企業**だしね。大学は、学生からバカ高い授業料を徴収し、その代わりに「大卒」という肩書を売る会社。学生はその「大卒」という肩書を持って労働市場に参加する。企業に対して自分の身体を少しでも高く売るためのアイテムの1つとして「大卒」という学歴が用いられる。それだけの話だ。

ちなみに、現代のビジネス社会では、もはや学士号だけでは低学歴扱いだ。そこにつけこんで、最近の大学業界は大学院ビジネスにも力を入れて、修士号や博士号も販売している。特に、法科大学院や経営大学院はスゴい。法務博士や経営学修士といった学位を年間100〜300万円にも及ぶ授業料と引き換えにバラまいている。とにかく、日本の教育産業は、これでもかというほど、キミに**多額のカネを要求する**んだ。

01 価値
02 人権
03 教育
04 労働
05 階級
06 結婚
07 生命
08 秩序
09 刑罰
10 象徴
11 政府
12 国民
13 恐怖

「そうなんだ。でも、そんな高い授業料とても払えないよ」と思っても大丈夫。そういう学生を狙って、教育産業は日本学生支援機構とかいう政府管理下の学生ローン企業を紹介してくれる。

　もちろんバカ高い利息を要求されるけど、そんな細かいことを気にしては、器の大きい人間にはなれない。卒業後のことまで、大学は面倒を見ない。とにかくカネを払え。カネがないのなら借りろ。大学を卒業したら、さっさと返済しろ。それが「日本の教育」だ。

　要するに「大学は学問をするところ」など、ただのタテマエ。しかし、タテマエは重要だ。この世の中は無数のタテマエの積み重ねによって成立している。

　例えば、キミは街頭で他人と肩がぶつかる。当然、キミは「ちっ、なんだこいつ」と思う。しかし、そんなホンネをいちいち口には出さない。「すみません」などと神妙なセリフを吐く。それに対して、向こうも「いえ、こちらこそ」と返す。人間世界では、そういうくだらないタテマエがとても重要なんだ。

　だから、キミもこの本を手にとってしまった以上、タテマエとして真理と向き合う姿勢ぐらい見せてほしいわけ。その先にあるのが、ただの絶望だったとしてもね。

イデオロギーに殉じろ

第3の注意点として、イデオロギーという言葉に注目してほしい。本書を読み進んでいく前に、キミ自身のイデオロギーを自覚してほしいんだ。

イデオロギーとは「世界はこうあるべき」という抽象的な思いだ。「大麻も売春もOKのスーパーフリーな世界になってほしい」「働かなくても生活費を政府から一生もらってラクに生きていける世界がいい」「昔からの文化や伝統を大切にする世界に住みたい」「オレのように才能ある者がその才能に見合った高額なカネをもらえる世界がいい」――。

人間は誰しも、そういう「世界に対する思い」を無自覚的に抱いている。もちろん、この本を読んでいるキミもだ。そして、キミ自身のイデオロギーから見て、いま自分の置かれた世界が自分に適した世界なのかどうかを考えてほしいんだ。この本を読みながらね。

01 価値
02 人権
03 教育
04 労働
05 階級
06 結婚
07 生命
08 秩序
09 刑罰
10 象徴
11 政府
12 国民
13 恐怖

　例えば、この本は政治をテーマにしているけど、現代の政治は憲法 (constitution) に従って展開されるべきことになっている。教科書なんかでは、この憲法について「国家権力を抑制するためのルール」だのなんだのと定義されている。しかし、もう少し現実的に言えば、時のエライ人たちが自国民や諸外国に向けて「その国の方向性」を発表した文書だ。その際に「国王陛下の名の下に」とか「全国民の総意に基づいて」といった変な権威付けをする。

　要するに、歴史上のある時点で、一部のエライ人たちが、色々と言い訳をしながら、自分の支配地の運営方針を定めたのが憲法なんだ。「おれたちは、これからこんな感じでこの国を運営していくよ」「これは国王も認めたんだぞ」「国民全員で決めたことだから文句言うなよ」みたいなさ。ボクら下々の民からしたら「いつボクらの意見なんか聞いたんだ？」という話だけど。

　何が言いたいかというと、憲法はなんらかのイデオロギーに基づいて書かれた偏った文書だということ。歴史上のある時点における一部のエラいオジサンたちのイデオロギーに影響されて作成された文書なんだ。

　しかも、方向性を示しただけの文書なので、その内容は曖昧で抽象的だ。だから、憲法を書いたオジサンたちだけではなく、次世代の支配者たちも、みんな自分のイデオロギーに基づいて、憲法に書いてある言葉を解釈しようとする。なんとか自分たちに都合のいい政治ができるようにする。そして、どう解釈しても自分の思い通りにならない場合は「この憲法を書いたヤツは馬鹿だな。時代錯誤だ。さっさと変えようぜ」となる。

　念のために言っておくけど、この本の著者であるボクにしても、なんらかのイデオロギーを抱いているかもしれない。政治学の講義と言いつつ「こういう国にしないとダメなんだ！」と自分の信念を訴えかけているだけかもしれない——というより絶対そうだ。

　それは、キミが小中高で読まされてきた社会科の教科書にしたって同じことだ。文科省やその界隈の偉いオジサンたちが抱いている特定のイデオロギーに染まったものかもしれない。「必ず教えてやるべき部分」と「あまり教えるべきではない部分」をコッソリ区分けしているかもしれない。一流の官僚や学者というのは、表向き中立公正なフリをする。中立公正なフリをして、さりげなく特定のイデオロギーを大衆に押し付けていくのが実に上手なんだ。

01 価値
02 人権
03 教育
04 労働
05 階級
06 結婚
07 生命
08 秩序
09 刑罰
10 象徴
11 政府
12 国民
13 恐怖

　ここまで書くと、キミはイデオロギーという言葉に嫌悪感を持ったかもしれない。でも、ボクが言いたいのは逆のことだ。イデオロギーはとても大切なものなんだ。政治家も官僚も学者も会社員も大学生も、みんななんらかのイデオロギーを抱いている。みんなのイデオロギーが絶えずせめぎあったり、共感したり、妥協したり、殺しあったりしながら、やがて国家の形が作られていく。世界の形が作られていく。それが政治だ。

　キミがこういう本を手にとったのは、多少なりとも政治に興味があるからかもしれない。そして、政治を学ぼうと思ったら、まずは自己のイデオロギーを自覚することから始めるべきなんだ。日本国憲法の条文を覚えたり、三権分立の仕組みを覚えたり——そんなくだらないことは後回しでいいんだ。

　それよりもキミは「イデオロギーの馬」にならないといけない。自分の望んでいる世界とは何か。自分の祖国はどのような地であるべきなのか。自分にとって最も大切にすべき価値とはなんなのか。それを明確にしていくことで、政治的な生き物として、もっと進化できる。政治を学ぶモチベーションが高まっていくんだ。
　ここで「いきなり自分のイデオロギーとか言われても分からないよ」という声が聞こえてきそうだ。たしかに「世界はこうあるべきだ。私はずっとそう考えてきた」などと、自分のイデオロギーを明確に言える人間はほとんどいない。「自分はこんな人間だから、こんな世界に住みたいな」というボンヤリとした思念があるだけだ。そこで、さっきの18の質問、イデオロギーテストをやってみたんだ。では、このテスト結果について、次回講義で説明していこう。

LECTURE

02

人権

HUMAN RIGHTS

痛みっていつまでも覚えてるだろ
でも心地良さはすぐに忘れてしまう
オレたちは幸福を確認できる傷跡を残せないのさ

———チャック・パラニューク

政治のタテマエは人権だ

　これは政治をテーマとする本だ。では、そもそも政治とは一体なんのためにあるのか。結論から言うと、現代における政治の目的は人権（human rights）だ。いまの世の中（ホンネは別として）少なくともタテマエでは、人権こそ至上の政治的価値になっている。国連も国家も政府も議会も裁判も軍隊も税金も教育も、いまの政治的な仕組みは、みな人権という価値を最終目標にしている。このタテマエとしての前提を頭に入れたまま、これから本書を読んでいってほしい。

　さて、人権とは何か。それは、あらゆるホモサピエンスが尊厳（dignity）をもって扱われるために、あらゆるホモサピエンスに与えられる権利のことだ。つまり、ホモサピエンスは他の生き物よりも特別な存在だから特別に大切に扱われなきゃいけない、という前提があるんだ。

特権 privilege	▶	尊厳 dignity	▶	人権 human rights
人間は特別な存在だ		人間を大切に扱おう		権利を無条件で与えよう

　では、人間が尊厳をもって扱われるとはどういうことか。それは自由の量（amount of freedom）がより多い状況、そして苦痛の量（amount of pain）がより少ない状況を指す。

　第1に、キミは自由に生きたいはずだ。本当は働かずに平日昼間から遊びたいはずだし、好きな人と暮らしたいし、色々なところに旅行に出かけたい。100％の自由はムリでも、自由の量をできる限り増やしたいはずだ。

01 価値
02 人権
03 教育
04 労働
05 階級
06 結婚
07 生命
08 秩序
09 刑罰
10 象徴
11 政府
12 国民
13 恐怖

　ホモサピエンスには、他の生物と比べて大容量の脳がある。その脳が「ああいうふうに生きたい」「こういうことがやりたい」と、いつも考えている。その自らの意思に基づいて実際に行動する。そういう自由をすべてのホモサピエンスに分け与える。それこそが、人権の最終目的だ。

こんな天気のいい日に働くのは単なるバカ　自由

愛する人たちだけに囲まれていたい　自由

オワコン日本は見捨ててシンガポールに移住するか　自由

　第2に、キミは苦痛をイヤがるはずだ。他人に殴られたり、長時間つまらない仕事をさせられたり、キライな人間と結婚させられたり——そんなことはできれば拒絶したい。100%拒絶できなくても、苦痛の量をできる限り減らしたいはずだ。

　ホモサピエンスは、大容量の脳とつながった神経系が身体のあらゆる部分に行き渡っている。その神経系が色々な苦痛を感知する。だったら、**本人が望まない苦痛**（unwanted pain）はなるべく減らしていこうってことになる。全人類に苦痛から免れる自由を与える——これもまた人権の最終目的だ。

これは暴力ではなくしつけだ！　苦痛

借金あるんだろ？人生割り切れよ！　苦痛

今日は自主的に居残れ！給料泥棒め！　苦痛

国際人権規約

「人権はとても大切だ」──そんなことを多くの現代人が口にする。自由に生きたい、苦痛から解放されたい。たしかにホモサピエンスなら誰もが共感する。しかし「具体的には何を人権とすべきか」という話になると、とたんに議論が起こる。その結論は国によって異なってくる。一国の中でも、国民の間で議論がヒートアップすることがある。

薬物の危害性比較
2010. David Nutt et al. Drug Harms in the UK. The Lancet.

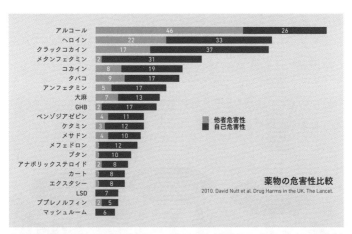

現在、世界各国で議論されている政治的テーマの1つが大麻解禁だ。21世紀に入ると、上図データをはじめとして、大麻の危害性の「穏健さ」を示す科学研究結果が提示されてきた。現在、医療大麻に関しては、多くの先進国ですでに解禁されており、嗜好目的の大麻についても、住民投票などを経て合法化する国・地域がいくつか出現している。

　そこで注目してほしいのが、1966年に国連が作った**国際人権規約**（International Covenants on Human Rights）という文書だ。第2次大戦前から「どの国でもどの地域でも守られるべき標準的な人権のリストを決めていこう」という国際的な動きがあった。その成果が国際人権規約という文書だ。21世紀の現在においても、世界170ヶ国以上が締結しており、世界最大の人権文書となっている。もちろん日本も締結国の1つだ。

　下図を見てほしい。これがその中身だ。**市民的政治的権利**（CPR）と**経済的社会的権利**（ESCR）という2種類の人権に分かれているよね。CPRは主として「自由」を支えるための諸権利。ESCRは主として「平等」を支えるための諸権利。このあたりの詳細は、後でもう一度説明する。いまはとりあえず「こういう構造になっているんだな」ということだけ頭に入れておいてほしい。

01 価値
02 人権
03 教育
04 労働
05 階級
06 結婚
07 生命
08 秩序
09 刑罰
10 象徴
11 政府
12 国民
13 恐怖

人権は普遍的か相対的か

　キミに1つの質問を投げかけたい。それは「人権は普遍的であるべきか相対的であるべきか」という問いだ。

　人権は、200年前からヨーロッパ大陸の白人世界を中心に普及し始めたものだ。それがいつの間にか世界中に広がり続けた。戦後は国連という地球規模の組織が設立され、その国連が国際人権規約という文書を作って、世界中の国々に締結を求めてきたわけだ。

　しかし、ボクたち黄色人種からすると、ちょっとした疑問がアタマに浮かぶ。「人権なんて白人が勝手に考え出したものだろ。そんなものを世界中に押し付けるべきなのか?」とね。

　日本人のような東アジアの人間からすると、rights だの freedom だのといった言葉はピンと来ない。白人たちが押し付けてくるから、ムリヤリ日本語に翻訳して表面的に理解しているだけだ。結局、人権なんて、世界で一番エラい人種である白色人種たちが勝手に騒いできただけの言葉なんだね。

　勝手に騒いでいるだけならまだ許せる。それどころか、ある国に人権と矛盾する文化があったら、すぐに説教を始める。「おい、それは人権を侵害しているぞ。そんなくだらない文化はいますぐやめろ」と口出しをしてくるようになった。こうなってくると、どこの地域の人々も「人権ってそんなに大層なものか」「その地域の文化や慣習だって大切だろう」と反発したくなる。

　日本だってそうだ。死刑を廃止しろだの、刑務所の待遇を改善しろだの、夫婦別姓を認めろだの、男女平等を徹底しろのと、国連がダメ出しをしてくる。日本が昔から大切にしてきた文化や慣習に対して、なんでそこまで外野から文句を言われなきゃいけないのか。白人からあれこれ言われるのは、もうたくさんだ。

　ここで、人権に対する2つの考え方が出てくる。第1は普遍主義（universalism）と呼べるもので「人権は絶対的価値であり、各地域の文化を壊してでも世界中に普及させるべき」という考え方だ。第2は相対主義（relativism）と呼べるもので「人権は絶対的価値ではなく、各地域の文化を壊してまで普及させるべきではない」という考え方だ。キミはどちらをとるだろうか。

FGMという論点

　この世界的な論点を考える上で必ず知っておくべき事例を1つ提示したい。それはFGM（female genital mutilation）だ。日本語では「女性器切除文化」と訳されている。このFGM問題は「人権は普遍的であるべきか相対的であるべきか」を考える代表的論争点として、世界中の大学で大学生たちに議論させているものなんだ。

　アフリカの一部地域では、2000年以上前から、ある文化が育まれてきた。幼い女性のクリトリスをはじめとする女性器の一部を切除し、場合によっては女性器全体を縫って封鎖する、という慣行だ。下の図は世界保健機関（WHO）の調査結果をもとにFGMの諸タイプをイラストで示している。こうして視覚的な情報を目にするだけでも、FGMがいかなる文化なのか、そのおおよそが把握できる。

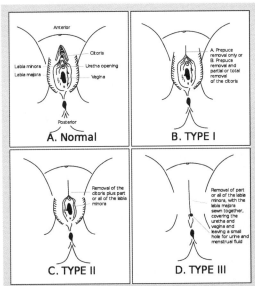

ＦＧＭが普及している地域は広大であり、一口に「女性器切除」といっても、いくつかのタイプに分かれる。左図はその諸タイプを示している。Ａは通常の女性器の状態。Ｂはクリトリスを切除するタイプ。Ｃはクリトリスおよび小陰唇を切除するタイプ。Ｄはクリトリス・小陰唇を切除した上で大陰唇を縫合するタイプであり、排尿・月経用に小さな穴を残すことになる。

だいたい3〜5歳程度の少女時代にFGMの施術が為される。使い回しのカミソリや鋭い石を利用するケースもあり、砂をかける程度の止血処置しか行われないケースもある。その結果、FGMの施術を受けたことが原因で早死する女性も後を絶たない。一定年齢に達してもFGMを受けていない女性は「悪魔」「売女」と見られて差別を受けることも多い。

なぜこのような文化が継続しているのか。それは処女という価値が重視されているからだ。クリトリスを切除することで性欲が減退すると考えられている。女性器を封鎖することで物理的に処女を守ることができる。そして、結婚初夜に、夫となった人物が「ご褒美」として、糸を切り取って、妻の処女を獲得するというわけだ。

FGMの特徴

処女 virginity	贈与 gift	致死 mortality	強制 forced
未婚女性の純潔維持を目的とする	新婚初夜に夫が処女をもらい受ける	危険な施術ゆえに死に至りやすい	ターゲットの女子自身に選択権はない

国連は「女性に対する著しい人権侵害である」として、FGM実施地域の国々に対して廃絶勧告を出してきた。勧告を受けた国々は、表向きFGM廃絶に向けて取り組んでいる。しかし、2000年以上もその地域に染み込んでいる慣習が、政府の力で短期間のうちに根絶されるはずもない。いまでもFGMは幅広いエリアで残存しているのが現状だ。

　こうやってFGMについて説明すると、キミは嫌悪感や不快感を抱くかもしれない。しかし、それはキミが外野の人間にすぎないからだ。たしかに、外野から見れば、FGMは残虐な文化であり、女性の尊厳を損なうものかもしれない。しかし、FGM実施地域に住んでいる内部の人間から見ればどうだろう。人権や尊厳といった欧米的価値観よりも、未婚女性の処女を守ることの方がはるかに重要かつ崇高な価値のはずだ。

　はたして、国連その他の「外野」は、欧米発祥の人権という価値によって、FGMという文化を壊すべきだろうか。キミが政治を学びたいなら、まずこの「普遍主義と相対主義」という現代政治の最重要テーマについて考えないといけないんだ。

CPR 自由の権利

本題に戻ろう。先ほど説明したように、国際人権規約には、CPRとESCRという2種類の人権がある。そのうち、CPRとは個人的自由を支えるための諸権利を指す。ヒトが国家や社会から邪魔されず、自分の思った通りの自由な人生を送るための諸権利だ。

CPRの主な内容

生存権	残虐刑の禁止	強制労働の禁止
受刑者の人道的待遇	公正な裁判	居住移転の自由
思想良心の自由	表現の自由	宗教の自由
差別扇動の禁止	婚姻の自由	参政権
法の下の平等	少数民族の保護	死刑制度の廃止

人権の目的は、あらゆるホモサピエンスが自己の意思によって自由な人生を享受することにある。キミが、国家からみだりに自由を奪われたり、社会から特定の価値観を強要されたり、といった状況にあれば、それは自己の意思に基づく人生とは言えない。

ただし、自由は手放しで称賛されるものではない。自由を無制限に認めていくと、秩序（order）を重んじる人々から反発を買う。例えば「覚醒剤を楽しむのも個人の自由だ」とすると、社会秩序が損なわれる可能性がある。たしかに受刑者も人間だけど、だからといって「人道的待遇」などといって甘やかすことは、犯罪を心から憎む平均的日本人の価値観に反する。犯罪者を甘やかせば、それだけ犯罪を助長し、秩序を乱すことにつながるかもしれない。

01 価値
02 人権
03 教育
04 労働
05 階級
06 結婚
07 生命
08 秩序
09 刑罰
10 象徴
11 政府
12 国民
13 恐怖

　では、キミ自身は、自由を優先するタイプの人間だろうか。秩序を優先するタイプの人間だろうか。ここで、1章における C1 から C9 までの質問内容を思い出してほしい。この9つの質問こそ、キミがどちらのタイプかを確認するものなんだ。

　要するに、あの「C」は CPR のことだ。○の数に応じて、自由型の人間か、秩序型の人間かが分類される。本書では、○の数が5つ以上ある人を CPR+（自由型）として、○の数が4つ以下の人を CPR−（秩序型）としておいた。この CPR+/CPR− という区別は、後で重要となるので、ここで自分はどちらであるかを確認してほしい。

ESCR 平等の権利

次に、ESCRとは、主として社会的平等を促進する諸権利を指す。ヒトが貧困から免れ、人間らしい生活水準を獲得するための諸権利だ。

ESCRの主な内容

職業選択の自由	良好な労働条件	公正な賃金
同一労働同一賃金	労働時間の制限	休息・休暇の保障
有給休暇	労働組合の結成	労働運動
産前産後の母親保護	飢餓から免れる自由	医療を受ける権利
初等教育の無償化	中等教育・高等教育の段階的無償化	

個人的自由を保障するだけでは、人権保障の理念は現実化しない。この世界には格差（gap）が存在するからだ。一般庶民に「どうぞご自由に生きてください」と言ったところでどうなる？　彼らは、高度な教育を受けられず、やりたくもない劣悪な労働を日々こなすだけの「不自由な人生」を送るだけだ。だからこそ、現実に存在する格差を是正しなきゃいけない。あらゆるヒトができる限り平等に個人的自由を享受できる状況が必要となる。そのための諸権利がESCRだ。

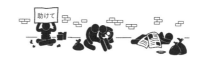

　ただし、平等もまた、手放しで称賛されるわけではない。平等を無制限に認めていくと、競争（competition）を重んじる人々から反発を買う可能性がある。例えば、大学授業料を無償化したり、生活保護や失業手当を手厚くするためには、政府にある程度の財源が必要となる。その財源を確保するには、裕福な人々から課税という形で財産の一部を強奪しなきゃいけない。

　想像してほしい。自分の能力・努力によって獲得した財産が勝手に奪われて、赤の他人にバラまかれていく。そんなことが許されていいだろうか。「経済活動を自由に展開し、そのリスクとリターンを自分自身で引き受ける」という経済的自由（economic freedom）が侵害されている。「自由な人生を送りたければ、自分で努力してなんとかしろよ、自己責任だろ」という話にならないだろうか。

　では、キミ自身は、平等を優先するタイプの人間だろうか。競争を優先するタイプの人間だろうか。ここで、第1回講義におけるE1からE9までの質問内容を思い出してほしい。もう分かると思うけど、この9つの質問も、キミがどちらのタイプかを確認するものだ。

　この「E」はESCRのことだ。○の数に応じて、平等型の人間か、競争型の人間かが分類される。本書では、○の数が5つ以上ある人をESCR+（平等型）として、○の数が4つ以下の人をESCR−（競争型）としておいた。このESCR+/ESCR−という区別もまた、後で重要となるので、自分はどちらであるかを確認してほしい。

4つのイデオロギー

現代において、人権は、国家の最重要目的となっている。そして、最重要の目的ゆえに「何を人権とすべきか」「どの人権を優先すべきか」というイデオロギーをめぐって、どの国でも激しい論戦が繰り広げられている。現代における国家とは、**人権をめぐるイデオロギーがせめぎあっている場**なんだ。

そして、現代国家には、**4つの代表的なイデオロギーが存在する**。それが、リバタリアニズム、保守主義、共同体主義、リベラルだ。この4つのイデオロギーを詳しく見ていこう。

01
価値

02
人権

03
教育

04
労働

05
階級

06
結婚

07
生命

08
秩序

09
刑罰

10
象徴

11
政府

12
国民

13
恐怖

CPR+

リベラル
LIBERAL

リバタリアニズム
LIBERTARIANISM

ESCR+

ESCR-

共同体主義
COMMUNITARIANISM

保守主義
CONSERVATIVE

CPR-

リバタリアニズム

　第1に、キミが自由型（CPR+）および競争型（ESCR-）に該当した場合、キミはリバタリアニズム（libertarianism）というイデオロギーを抱いていることになる。一言でいえば、自由の最大化を目指す考え方だ。このイデオロギーを抱く人々をリバタリアン（libertarian）という。日本で言えば、実業家の堀江貴文という人が代表例だ。

　彼らリバタリアンは自由を愛する。自由に振る舞った結果、なんらかの損失を負っても、それは自己責任であると考える。ゆえに、彼らは国家を嫌う傾向にある。「税金を払え」「年金に加入しろ」「義務教育を受けろ」「ドラッグは体に悪いぞ」「売春などけしからん」——国家は常に自由に介入する。国家はリバタリアンの敵だ。

　もっと言えば、国家は彼らの自由を守ってくれる限りにおいて存在価値を持つ。リバタリアンに言わせれば、国家は、保安・防衛・裁判・外交・通貨発行など、最低限のことだけやればいい。しかも、ハードなリバタリアンになると、民間人が警察や軍隊を所有することも、通貨を発行することも肯定するんだ。

保守主義

第2に、キミが秩序型（CPR-）および競争型（ESCR-）に該当した場合、キミは保守主義というイデオロギーを抱いていることになる。一言でいえば、**伝統の価値を重視する考え方**だ。保守主義者は、行き過ぎた個人的自由にも、行き過ぎた社会的平等にも異議を唱える。色々な人権がドンドン普及していき、社会が急激に変化していくと、その社会の古き良き伝統や文化が壊されていく。保守主義者たちは、そうした点を恐れている。

例えば、日本社会の伝統や文化というと、どんなものがあるか。夫婦が苗字を一緒にして家族を形成する文化。犯罪を心から憎んで殺人犯には死刑をも辞さない正義感。労働を美徳とする「働かざるもの食うべからず」の精神。儒教精神に基づく厳格な上下関係——。こうした「昔からみんなが守ってきた価値」をこれからも守り続けることこそ、保守主義の役割だ。

東京都千代田区永田町に位置する自由民主党の本部ビル。現代日本における「保守」の代名詞であり続けている巨大政党だ。Photo by Joe Jones licensed under CC BY 2.0.

共同体主義

第3に、キミが秩序型（CPR-）および平等型（ESCR+）に該当した場合、共同体主義というイデオロギーを抱いていることになる。一言で言えば、共同体の価値を重視する考え方だ。個人的自由を無条件では肯定せず、一方で競争の論理にも懐疑的だ。

例えば、ある化学メーカーに務める研究員が世界的発明をして、莫大な利益を会社にもたらした。この研究員がリバタリアンだと「この発明は俺の能力と努力のおかげだ。すべての利益はオレのものだ」と主張するだろう。しかし、この研究員が共同体主義者だと「この発明は会社の仲間たちが協力してくれたおかげ。利益はみんなで分配だ」と主張するだろう。

人間は1人で生きられない。なんらかの共同体に属することで人生の意味が生まれる。ここでいう共同体とは、国家、地域、職場、学校、宗教団体などが典型例だ。なんらかの共通した価値観でまとまっている集団のことだね。人間は、そうした共同体に所属し、その共同体の調和に貢献すべきではないか。自分の属する共同体をより良いものにするために、共同体の運営そのものに関与していくべきではないか。そうした考え方が共同体主義の特徴だ。

共同体主義者として世界的知名度を誇る政治学者マイケル・サンデル（Michael J. Sandel, 1953- ）。彼に代表される現代の共同体主義は、単に個人を共同体の中に埋没させるのではなく、個人が幸福を追求する上で共同体の存在が重要である点を強調するものだ。Photo by HarvardEthics licensed under CC BY 2.0.

リベラル

第4に、キミが自由型（CPR+）および平等型（ESCR+）に該当した場合、キミはリベラルというイデオロギーを抱いていることになる。一言でいえば「自由の平等化」を志向する考え方だ。

個人的自由を尊重する点では、リベラルとリバタリアンは同じ立場だ。しかし、リバタリアンの考え方に基づくと、自由は強者のみが享受することになる。ホリエモンのような比類なき能力や資産を有している者のみが自由な人生を謳歌できる。一方で、社会の大多数を占める凡庸な人間たちは、本当はやりたくもない労働に人生時間の大半を費やしていく。上の人たちが押し付けるルールに黙って従い、不自由な人生を終えるだけだ。

バラック・オバマ（Barack Hussein Obama II, 1961- ）は、米国リベラル派を象徴する政治家だ。彼は、歴代大統領として初めて同性婚を支持する他、女性の中絶権を全面的に認めるなど、個人的自由を尊重する姿勢を見せた。一方、オバマ政権が生み出した最大の成果は「オバマケア」と呼ばれる医療保険の改革だった。低所得層であっても医療保険に加入して安心して医療を受けられるよう、政府による医療保険市場への介入を図ったのである。

01 価値
02 人権
03 教育
04 労働
05 階級
06 結婚
07 生命
08 秩序
09 刑罰
10 象徴
11 政府
12 国民
13 恐怖

　リベラルな人々によると、自由は一部の強者に独占させるべきではない。自由はできる限り平等に分け与えるべきだ。そのためには、自由を促進するだけではなく、平等を促進する政策も必要となってくる。特に、リベラルな人々は、失業者、貧困層、女性、少数民族、同性愛者、囚人、動物といった存在の地位向上に強い関心を示すんだね。

イデオロギーのせめぎあい

　第1回講義では、キミにいくつかの質問を投げかけることで、キミ自身のイデオロギーを診断してみた。実は、似たようなことは欧米でも盛んに実施されている。

　例えば、下図を見てほしい。これは2011年にアメリカで実施された世論調査の結果だ。本書と同じように、4つのイデオロギーにアメリカ国民を分類している。この4つのイデオロギーが均衡し、せめぎあいながら、アメリカの世論が形成されているのがよく分かる。

　さらに下図を見てほしい。これは2011年から2017年にかけて、ボク個人が大学の講義中に実施してきたイデオロギーテスト結果だ（回答者数合計2101人）。本書でキミに出した18の質問をそっくりそのままやってみた結果だ。保守主義が非常に多く、リベラルが圧倒的に少ないことがよく分かる。これが日本人の平均的なイデオロギー分布図なんだろうね。

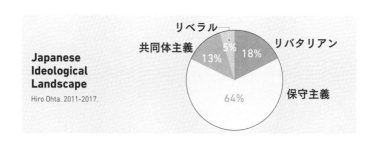

　これら４つのイデオロギーのうち、どれが正解でどれが不正解である、などといったものはない。この章でボクがキミに求めているのは「いくつものイデオロギーのせめぎあいの中で世界が作られていく」という事実を把握することだ。その上で、キミ自身がどのイデオロギーに属しているのかを知ってほしかったんだ。

　この世の中に政治的に中立な人間など存在しない。キミは「政治になんか興味ない」「政治的な意見なんか持っていない」といままで思い込んできたかもしれない。しかし、実は、知らず知らずのうちに、特定の視点から自分の属する国家を見つめ、特定の視点から自分の置かれた世界を見つめてきたんだ。

　その特定のイデオロギーは、親や教師から与えられたものかもしれない。日々の部活動やアルバイトを通して身につけたのかもしれない。一部のメディアから影響を受けたのかもしれない。ネット上の特定コミュニティに参加する中で育まれたのかもしれない。

　次章からは、キミ自身のイデオロギーを見つめて、そのイデオロギーが自分の利益につながるものか否かを確認していく作業に入っていく。キミがいままで抱いてきたイデオロギーは、はたしてキミ自身にふさわしいものなのか、じっくり考えてほしいんだ。

多額の借金を背負っている学生は、社会を変えようとは思わなくなる

負債システムに囲まれていると、考える余裕がなくなるのだ

学費高騰化という「懲罰」によって

卒業する頃には借金だけでなく「懲罰的文化」を植え付けられ

消費経済にとって都合のよい材料にさせられていく

――ノーム・チョムスキー

不平等な世界

　本章からは、政治というものが、キミ自身の人生にどう関わって
いくかを具体的なテーマごとに見ていこう。まず本章と次章では教
育と労働を取り扱う。もっと具体的に言えば、キミ自身が労働者
になる前段階としての「大学教育」と、教育を受けた後の実際の
「労働環境」を見ていこう。つまり、いま現在のキミが置かれてい
る状況からスタートしてみたい。

　前章で触れたけど、この世の中には格差がある。みんな不平等な
形で生まれてくるんだ。ある人はイケメンに生まれてくるから、恋
愛に不自由を感じることなんてほとんどない。ある人は金持ちの家
に生まれてくるから、人生で最も楽しいはずの 10 〜 20 代をわざわ
ざ犠牲にして、つまらない大学受験や資格試験の勉強に取り組む
必要がないし、つまらない賃金労働に身を投じる必要もない。

　他方で、そこまで恵まれていない人間の方がこの世の大多数だ。あ
る人は醜悪な外見で生まれてくるから、恋愛対象は制限される。就
職面接でも損をする。ある人は一般庶民の家に生まれてくるから、
勉強、部活動、就活に至るまで、幼少期から血のにじむような努力
をしないと、人並みの人生なんか送れない。

　「この世はしょせん不平等なんだから、負け犬は負け犬らしく不自
由な人生を送っていけよ」——しかし、現代においては、そういう
現実の単純肯定だけでは話が終わらない。国家の手でなんとかなりそ
うな不平等は是正していくことになっている。少なくとも、人権と
いうものをタテマエ上の目標として掲げている国ならね。そして、そ
の「なんとかなりそうなもの」こそ教育と労働だ。

大学生とカネ

01 価値
02 人権
03 教育
04 労働
05 階級
06 結婚
07 生命
08 秩序
09 刑罰
10 象徴
11 政府
12 国民
13 恐怖

　この講義は大学生を対象としたものだ。つまり、大学教育を受けている人間に向けた講義内容となっている。ではまず、この**大学**というところから考察をスタートしてみよう。まず下図を見てほしい。これは、OECD加盟国（いわゆる先進国クラブ）において、どの程度の税金が教育のために使われているかというグラフだ。

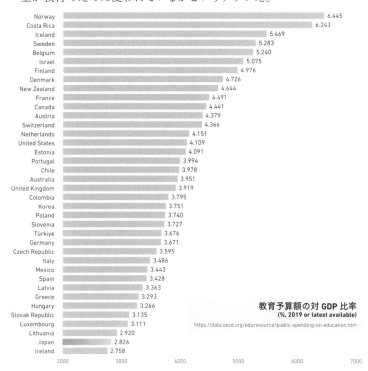

Norway	6.445
Costa Rica	6.243
Iceland	5.469
Sweden	5.283
Belgium	5.240
Israel	5.075
Finland	4.976
Denmark	4.726
New Zealand	4.644
France	4.491
Canada	4.441
Austria	4.379
Switzerland	4.366
Netherlands	4.151
United States	4.109
Estonia	4.091
Portugal	3.994
Chile	3.978
Australia	3.951
United Kingdom	3.919
Colombia	3.795
Korea	3.751
Poland	3.740
Slovenia	3.727
Türkiye	3.676
Germany	3.671
Czech Republic	3.595
Italy	3.486
Mexico	3.443
Spain	3.428
Latvia	3.363
Greece	3.293
Hungary	3.266
Slovak Republic	3.135
Luxembourg	3.111
Lithuania	2.920
Japan	2.826
Ireland	2.758

教育予算額の対 GDP 比率
(%, 2019 or latest available)
https://data.oecd.org/eduresource/public-spending-on-education.htm

　これを見ても分かるように、日本政府は、教育のためにカネをほとんど使っていない。日本という国は、先進国の中でも最悪の部類に属する**教育弱小国**だ。「日本は資源がない分、人材で勝負する」だの「日本は教育立国」だのといった言葉を政治家がよく口にしているけど、実態はこんなものにすぎない。

　次に、下図を見てほしい。ここでいう高等教育とは、大学や専門学校での教育を指す。要するに、一国の経済力全体のうち、どの程度のカネが大学・専門学校のために使われているかというグラフだ。これを見ても分かるように、日本政府は、高等教育にもカネを使っていない。大学に行きたいなら自腹で行けということだ。

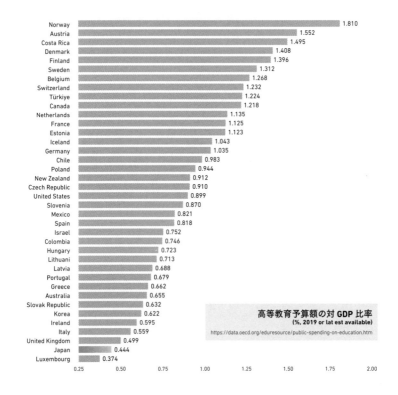

Norway	1.810
Austria	1.552
Costa Rica	1.495
Denmark	1.408
Finland	1.396
Sweden	1.312
Belgium	1.268
Switzerland	1.232
Türkiye	1.224
Canada	1.218
Netherlands	1.135
France	1.125
Estonia	1.123
Iceland	1.043
Germany	1.035
Chile	0.983
Poland	0.944
New Zealand	0.912
Czech Republic	0.910
United States	0.899
Slovenia	0.870
Mexico	0.821
Spain	0.818
Israel	0.752
Colombia	0.746
Hungary	0.723
Lithuani	0.713
Latvia	0.688
Portugal	0.679
Greece	0.662
Australia	0.655
Slovak Republic	0.632
Korea	0.622
Ireland	0.595
Italy	0.559
United Kingdom	0.499
Japan	0.444
Luxembourg	0.374

高等教育予算額の対 GDP 比率
(%, 2019 or lat est available)
https://data.oecd.org/eduresource/public-spending-on-education.htm

　こうしたデータがいかに深刻であるかを実感してもらうために、下図「国公立大学の初年度納付額」を見てほしい。これは、その国の国公立大学に入学する際、初年度で一体どれだけのカネを用意しなければいけないかというグラフだ。OECDのデータから引っ張ってきた。ドル換算で表示してある。

　これを見ても分かるように、日本の国公立大学は、世界トップクラスの高額を要求している。このグラフはドル換算だけど、円で示すと80万円強。つまり、日本という国は「80万円を用意できない貧乏人は大学教育など受ける資格がない」という国なんだね。

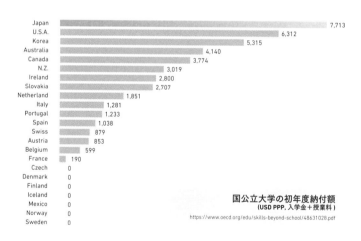

国公立大学の初年度納付額
(USD PPP, 入学金＋授業料)
https://www.oecd.org/edu/skills-beyond-school/48631028.pdf

　念のために言っておくけど、このグラフで示された額は、私立大学の初年度納付額ではない。国公立大学の初年度納付額だ。特に、学費がほとんど無料に近いヨーロッパ諸国と比較すると、いかに日本が悲惨なことになっているかが分かる。

　ところが、このグラフを見せると、学生の中には「先生、たしかに社会保障が手厚いヨーロッパの国では大学の授業料も安い。それは私も知っています。でもそれって国公立大学に限っての話ですよね。どこの国だって、国公立大学に行ける学生なんて、ごく一部じゃないですか。国公立大学に入れなかった若者は、みんな学費の高い私立大学に入学しているはず。だから、そんなグラフは大して重要じゃないと思います」とレポートに書いてくる人がいる。

　そこで、下図「大学生の公私比率」を見てほしい。先進国における国公立大学と私立大学の学生数を割合で示したものだ（半公立は、公的資金で運営されるけど、大学側が独立性を保っているタイプのもの）。これを見れば明らかだけど、他の先進国では、私立大学に通っている人間は少ない。一方、日本は真逆の状況にある。この国では、金持ちの子も、庶民の子も、大半が私大に行かざるを得ない状況となっているんだ。

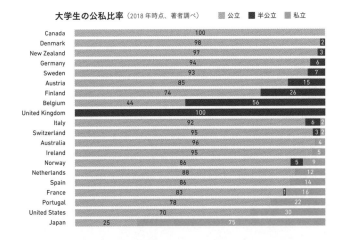

大学生の公私比率（2018年時点、著者調べ）　公立　半公立　私立

	公立	半公立	私立
Canada	100		
Denmark	98		2
New Zealand	97		3
Germany	94		6
Sweden	93		7
Austria	85		15
Finland	74		26
Belgium	44	56	
United Kingdom		100	
Italy	92		6 2
Switzerland	95		3 2
Australia	96		4
Ireland	95		5
Norway	86	5	9
Netherlands	88		12
Spain	86		14
France	83	1	16
Portugal	78		22
United States	70		30
Japan	25		75

　さらに、他の先進国では、大学授業料を安くするだけではなく、学生に奨学金（scholarship）を支払っている国も多い。大学生から見れば、生活用のカネを政府から支給されたら、それだけアルバイトに精を出す時間が短くなるからね。本来取り組むべき学術研究に時間を投入できる。

　そこで、下図「**教育予算全体における奨学金予算割合**」を見てほしい。これは、教育関連の公的支出全体のうち、どれぐらいのカネを学生向けの奨学金に使っているかというグラフだ。これを見れば分かるように、日本という国は、奨学金にもほとんど税金を使っていないことが分かる。

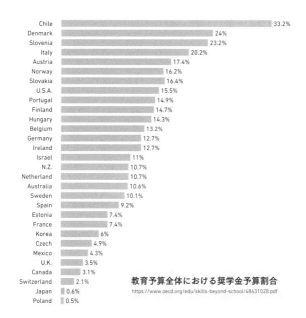

Chile	33.2%
Denmark	24%
Slovenia	23.2%
Italy	20.2%
Austria	17.4%
Norway	16.2%
Slovakia	16.4%
U.S.A.	15.5%
Portugal	14.9%
Finland	14.7%
Hungary	14.3%
Belgium	13.2%
Germany	12.7%
Ireland	12.7%
Israel	11%
N.Z.	10.7%
Netherland	10.7%
Australia	10.6%
Sweden	10.1%
Spain	9.2%
Estonia	7.4%
France	7.4%
Korea	6%
Czech	4.9%
Mexico	4.3%
U.K.	3.5%
Canada	3.1%
Switzerland	2.1%
Japan	0.6%
Poland	0.5%

教育予算全体における奨学金予算割合
https://www.oecd.org/edu/skills-beyond-school/48631028.pdf

01 価値
02 人権
03 教育
04 労働
05 階級
06 結婚
07 生命
08 秩序
09 刑罰
10 象徴
11 政府
12 国民
13 恐怖

　ちなみに、日本における「奨学金」というと、日本学生支援機構のことを誰もが頭に思い浮かべる。しかし、この日本学生支援機構の「奨学金」は、給付ではなく貸与だ。国際基準では、奨学金（scholarship）ではなく学生ローン（student loan）に分類される。キミの両親が家を買う時に銀行からカネを借りるあのローンと同じだ。日本学生支援機構の「奨学金」は、国際社会では「奨学金」と名付けてはいけない類のものなんだ。

　しかも下図を見てほしい。2000年代以降は、有利子貸与の件数が増大し続けている。いったん「奨学金」を借りた大学生には、卒業後に数年から数十年に及ぶ元本＆利息の返済人生が待ち構えている。要するに、日本政府は「奨学金」という美名の下に金融ビジネスをやっているようなものだ。

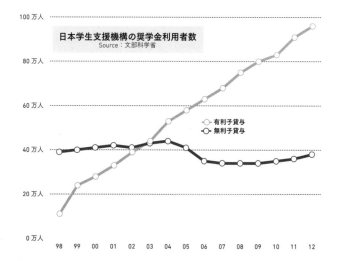

日本学生支援機構の奨学金利用者数
Source：文部科学省

○─○ 有利子貸与
○─○ 無利子貸与

　下の表を見てほしい。これは、日本の大学授業料に関する歴史的推移だ。たしかに日本の大学授業料は異様に高いわけだけど、昔はそれほどでもなかったんだね。現在の物価水準に換算すると、国立大学は年間8万円程度、私立大学でも年間30万円程度で済んでいた時代もあったということさ。特に、学生運動の最盛期だった1960年代には、実質的に授業料水準は下降しつつあった。

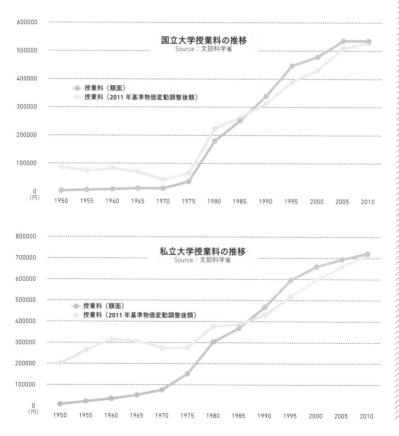

　しかし、この学生運動が衰退する1970年代から、日本の大学は「教育機関」から「営利企業」へと本格的にシフトした。授業料は一気に跳ね上がり、大学生は実質的に「消費者」となったんだ。

　しかも、下図を見てほしい。これは主要国における大学／専門学校の入学年齢層だ。日本だけ異様な状況となっているのが分かる。日本の大学生の大半は18歳で一斉に大学に入学してくる。しかし、それは国際比較的には明らかに異常なんだ。

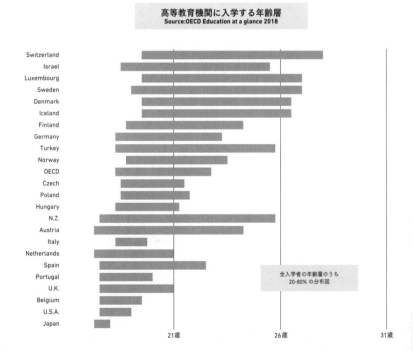

高等教育機関に入学する年齢層
Source:OECD Education at a glance 2018

全入学者の年齢層のうち
20-80% の分布図

　では、日本列島では、大半の若者が18歳になると一斉に「自分が究めていきたい専門分野」をいきなり思いつくのだろうか。「どうしても学問をしなければならない」と、日本中の人間が18歳になった時点で一斉に「学問への志」を抱くのだろうか。

　もちろん、そのような気持ちの悪い世界など存在しない。「18歳になって高校を卒業したら、なるべく空白期間を置かず、とにかく大学に進学しろ」というグロテスクな社会規範が形成されていて、大勢の日本人が、その規範に機械的に従っているにすぎない。そして、その規範意識を利用する形で、若者たちを没個性的な労働機械にしようとする経済社会構造が存在するだけなんだ。

01 価値
02 人権
03 教育
04 労働
05 階級
06 結婚
07 生命
08 秩序
09 刑罰
10 象徴
11 政府
12 国民
13 恐怖

高等教育の段階的な高騰化

ここで国際人権規約を見てみよう。

国際人権規約
ESCR13-2c

Higher education shall be made equally accessible to all, on the basis of capacity, by every appropriate means, and in particular by the progressive introduction of free education

高等教育に関しては、無償教育の段階的導入を含めたあらゆる適切な方法によって、能力に応じてあらゆる者に等しく機会を与えなければならない。

上にあるように、国際人権規約は「高等教育の段階的な無償化」を明記している（ESCR規約13条2項c）。日本人の大半は知らないが、いまや高等教育を受けることは、国際的に承認された普遍的人権だ。

しかも、国連は「いますぐにゼロにしろ」とまでは要求していない。どこの国も色々と財政的事情があるわけだから、いますぐに授業料をゼロにするのは難しい。だから、毎年少しずつ授業料を下げていき、できる限り早くゼロにしてくれ。そういう極めて現実的な注文を世界各国に出しているだけだ。

ところが、次のページの図「日本の国公立大学　初年度納付額の推移」を見てほしい。ごらんのとおり、日本の場合は、段階的に下げているどころか、段階的に上昇しているんだよ。こういう意味不明なことをずっとやってきたのが日本という国なんだ。

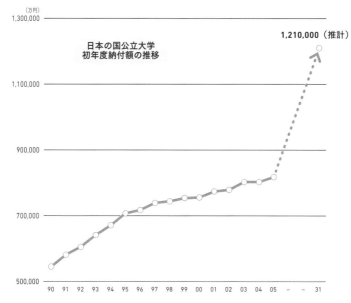

（万円）

日本の国公立大学
初年度納付額の推移

1,300,000

1,210,000（推計）

1,100,000

900,000

700,000

500,000

90 91 92 93 94 95 96 97 98 99 00 01 02 03 04 05 ― ― 31

　ちなみに、日本はOECD加盟国中、この条項の受け入れを40年間も拒否し続けてきた唯一の国だ。要するに、大学の授業料なんて下げたくないから、ずっと国連に対して駄々をこね続けてきた国なんだね。2012年、国際社会の流れに従う形で、ようやく日本政府も同条項の受け入れを形式的に表明した。しかし、世界最悪クラスの財政赤字を抱える借金国家が大学をタダにできる可能性は絶望的だ。

　2015年、日本政府は、全国の国公立大学に「2031年までに年間授業料を93万円にしろ」と事実上要請した。入学金も加えると、国公立大学の初年度納付額を120万円以上に上げろというんだ。国公立大学の授業料はあまりに安すぎるから、これからもっと上げるべきだってことだね。これから大学の授業料はもっと上がる。国公立も私立も関係なくね。

大学教育はいらないのか

　このように、日本社会では「大学に行くこと」が人権として認められていない。いままで10年間、ボクは、女子大生、大学教員、専業主婦、政治家など、様々な日本人にこの問題をぶつけてみた。しかし、その反応の大半は「大学の授業料は高いままで良い」というものだった。

　もちろん、日本政府がこれだけ借金を抱えている状況では、大学教育にかける予算なんか出てこない。そういう財源不足の問題は確かにある。しかし、日本人が大学生支援に反対する理由はそれだけではない。ここでは、それを3つ挙げてみよう。

大学生支援に対する批判

財源不足
revenue shortfall

社会主義
socialism

不必要性
needlessness

危険思想
dissident

　第1は「社会主義的である」だ。彼らに言わせると、公営の大学を増設したり、学費を公的に負担するのは、社会主義的政策だそうだ。そして、社会主義とは悪い思想であり、日本を悪い思想に染めてはいけない。彼らはそう考えている。

　たしかに、大学というビジネスは民間でもできる。わざわざ国や自治体がカネを出して運営するのは社会主義的だ。大学教育を民間資本に任せて、大学生に対しては、サービスの対価としての料金を請求する。その方が資本主義的で素晴らしいということだ。

　第2は「大学教育は不必要である」という反応だ。「社会的に必要とされていないものに税金を投入するな」ということだね。

　特に、いわゆる「文系大学生」がやっている文系の学問は、就職先で必要とされていないのが現実だ。就職面接で「大学でどのような研究をしてきたのか」「我が社でその研究実績をどう活かすのか」と問われることもほとんどない。そんなに学問がやりたければ、休日にカルチャーセンターにでも通えばいいではないか、と言われたらそれまでの話なんだね。

　実際、多くの大学生は「人生最後の夏休み」をバイト／サークル／恋愛などに重点的に投入し、学問への投入時間を著しく抑えている。でも、それは現実を見据えた合理的な選択なのかもしれない。

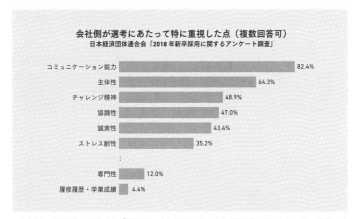

会社側が選考にあたって特に重視した点（複数回答可）
日本経済団体連合会「2018年新卒採用に関するアンケート調査」

コミュニケーション能力	82.4%
主体性	64.3%
チャレンジ精神	48.9%
協調性	47.0%
誠実性	43.4%
ストレス耐性	35.2%
：	
専門性	12.0%
履修履歴・学業成績	4.4%

このように、経団連の調査でも「学問がいかに重要でないか」は明確に示されている。実際のところ「文系大学生」が卒業後にやらされる仕事のほぼすべては、中等教育程度の学力さえあれば、後は努力次第でこなせるものばかりだ。もちろん、大学／大学院レベルの専門知識・高度教養を採用選考において深く問われるポストもわずかながら存在するが「文系大学生」の大半には生涯縁のない世界にすぎない。

01 価値
02 人権
03 教育
04 労働
05 階級
06 結婚
07 生命
08 秩序
09 刑罰
10 象徴
11 政府
12 国民
13 恐怖

　第3は「大学教育は危険である」という反応だ。大学の授業内容は、政府のコントロールがあまり及んでいない。そのような教育が社会全体に普及したら、国家や政府を批判したり、その存在自体の意味を疑ってかかる危険思想が社会的に広まるんじゃないかってこと。国家や政府の言うことを信用しない人間がドンドン増えるんじゃないかってことだ。

　この第3の反応はとても重要だ。日本のあちこちに大学が生まれるようになるのは大正時代からだ。正確には、1918年に日本政府が出した大学令という勅令からだね。一方で、当時の権力者たちは、大学を恐れていた。特に、元老の山縣有朋（1838-1922）は、大学の数を増やすことに猛反対していた。「皇室を否定する危険思想が蔓延する」と言ってね。

　キミも知っているように、明治維新の後、新政府は、天皇を利用することで国の権威を高めてきた。天皇は神様みたいに偉い——大日本帝国という国家組織は、そんなイデオロギーを利用して日本列島を支配してきた。

　そこに大学なんてものが全国各地にできて、真理を探求する日本人がたくさん現れたらどうなるか。「天皇って本当に神様みたいな存在なのかな」と、アタリマエのことを疑ってかかる人間がたくさん生まれることになる。政府としては、そんな危険な連中をあまり増やしたくはないわけだ。

1923年、当時の日本政府が全国レベルでの導入を予定していた学校教練（軍事教練）制度に対する抗議運動を起こして、警察官たちと対峙している東京の大学生たち。

01 価値
02 人権
03 教育
04 労働
05 階級
06 結婚
07 生命
08 秩序
09 刑罰
10 象徴
11 政府
12 国民
13 恐怖

　いずれにせよ「大学教育なんかに税金を出す必要はない」と思っている日本人はとても多い。でも、ここでちょっと考えてほしい。そもそも、ボクら人間は、なぜ大学なんかに行くんだろう。ボクらにとって「大学に行く理由」ってなんだろう。

　もちろん、大学に行く個人的意図は人それぞれだ。しかし、どんな大学生も有している最大公約数としての「大学に行く理由」がある。それは、就職のためでも教養のためでもない。もっと別の、もっと政治的な理由がある。それは何か。もっと言えば「大学に行く権利」がなぜ必要なのか。ボクらがわざわざ大学という場に集まり、わざわざみんなで同じ時間に同じことを学ぶ機会がなぜ必要なのか。その答えについては、この本の最終講義で説明したい。

労働

働けば自由になれるぞ

──アウシュヴィッツ＝ビルケナウ強制収容所

人生とは労働、労働、労働だ

　教育の次はいよいよ労働だ。多くの人が、この国の高額な教育システムに組み込まれた後、晴れて人生の大半を労働（labor）に費やしていく。特権階級や富裕層でもない限り、キミの人生は、とにかく労働、労働、労働だ。そして、労働の見返りにもらったカネで、ささやかな自由を楽しむんだ。

　そもそも、労働とは、何かを生産する活動のことだ。古代より人間は労働に従事してきた。獣を狩り、果実を採取し、畑を耕し、食糧を調理し、衣服を縫い、子供を育て、日用品を作り、祝祭で踊り、性を売り、兵役に就くことで、自らの属する共同体になんらかの生産物（product）をもたらし、共同体の一員として承認を受けてきた。

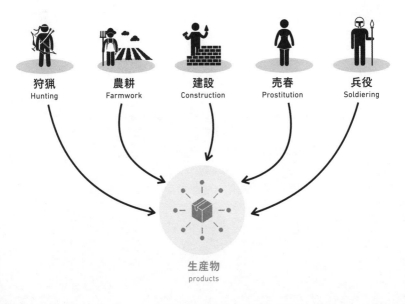

狩猟	農耕	建設	売春	兵役
Hunting	Farmwork	Construction	Prostitution	Soldiering

生産物
products

その一方で、古代から一貫して、労働の本質は苦痛（pain）だ。狩猟にせよ農耕にせよ大学講義にせよ、相当の身体的疲労を伴う。労働の種類によっては精神的疲労も膨大だ。労働によって産んだ生産物に欠陥があれば、周りから笑われたり、怒られたり、殴られたりする。やらずに済むのなら、なるべくやりたくない活動だ。

労働という苦痛

身体疲労	精神疲労	不自由	重圧	諍い
physical exhaustion	mental exhaustion	unfreedom	pressure	quarrel

労働を苦痛とみなす価値観は、様々な地域や宗教で観察できる。例えば、ユダヤ教・キリスト教・イスラム教の共通書物である旧約聖書によると、労働とは神がアダムに与えた罰として説明されている。神は、堕落した男アダムに労働という苦痛を与え、堕落した女イブに出産という苦痛を与えたわけだ。

01 価値
02 人権
03 教育
04 労働
05 階級
06 結婚
07 生命
08 秩序
09 刑罰
10 象徴
11 政府
12 国民
13 恐怖

　そもそも、いまボクが使っている「労働」という言葉は、英語のlaborを日本語に訳したものだ。そして、このlaborには「苦痛を伴う活動」という意味合いがある。しかも、場合によっては「産みの苦しみ」を意味することもあるんだ。

　また、労働を意味するドイツ語はarbeitだけど、これも「つらい苦しみ」という意味合いを含んでいる。さらに、労働を意味するフランス語はtravailだけど、これも「楽しくない活動」という意味がある。興味深いことに、このtravailもまた「産みの苦しみ」を指すことがあるんだ。

英 **labor** 労働・苦痛を伴う活動　**独** **arbeit** 労働・辛い苦しみ　**仏** **travail** 労働・楽しくない活動

　ちなみに「労働」を指す言葉としてlaborではなくworkが用いられることもある。workには「著作物」「工芸品」という意味もある。つまり、ヒトが自分の意思で自分の生み出したいものを生み出す、というポジティブな側面からも労働を表現できる。

　しかし、そういう主体的な労働に従事できる労働者など、いつの時代も一握りしか存在しない。そこらの会社員も公務員も、ほとんどの労働者は、本当はやりたくもない仕事を一生やらされているにすぎない。

　ちなみに、work よりもはるかに能動的で創造的な意味合いを持つ言葉が play だ。play には「遊ぶ」「戯れる」という意味がある。誰からも命令を受けずに、自らの判断でゲームに参加する。自らが求める価値・利益・快楽のためにのみ活動する。それが player だ。例えば、投資家という職業は、laborer でも worker でもなく player と呼ぶにふさわしい。もちろん、player として生きていける人間など、この世の中には、ほんの一握りしか存在しない。

labor　　work　　play

労働は苦痛である

　歴史の話に戻そう。人間社会が単なる〈群れ〉〈部族社会〉から〈国家〉という巨大共同体に進化すると、その共同体の中で〈労働しなくとも良い人々〉と〈労働しなければならない人々〉の固定化が起こる。

　古代のメソポタミアやエジプトでは、高度な文明が生まれたけど、それは同時に、高度なピラミッド型の階級（class）をも生み出した。その頂点に立つのは、君主と神官たちだ。彼らは、労働という苦痛になんらかの神秘的・宗教的意味を持たせ、その労働に一生を費やす下層民たちに「心の拠り所」を与える役割を担うこともあった。

古代から中世にかけての
平均的な社会階級

monarch

priests & nobles

soldiers & scribes

artisans & merchants

peasants

slaves

　こうした人間文明をさらに高度化させたヨーロッパでは、**資本主義**（capitalism）という仕組みが形成される。資本主義世界では、カネを持つ者が資本家階級として資本を私的に所有する。カネを持つ者は、価値ある企業に投資し、その企業を所有し、企業の生む利益を自動的に得ていく。一方、カネを持たない者は労働者階級となる。自己の身体を企業に日々提供して生存を図るんだ。

　資本主義世界では、労働という苦痛が**労働者階級**にほぼすべて押し付けられる。労働者階級は、その労働という苦痛に「やりがい」や「使命」といった神秘的感覚を見出すことによって精神的安定を保っていく。こうした労働の本質的側面は、古代文明の時代からほぼ変わりがない。

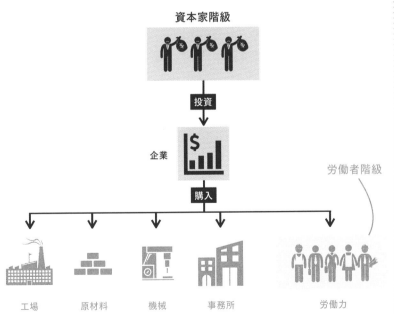

資本家階級

投資

企業

購入

労働者階級

工場　　　原材料　　　機械　　　事務所　　　労働力

　なぜ、こんなに長々と「労働とは何か」を説明したのか。もちろん「労働は苦痛である」というポイントを頭の中に入れておいてほしいからだ。特に、日本のように「労働することは尊い」といった宗教的価値観が蔓延している社会では、労働に対して「正」のイメージがまとわりつく。しかし、実際は違う。労働が「負」であるからこそ、対価としての報酬が要求されるんだ。

　繰り返そう。労働とは負の要素だ。ゆえに、人権という観点から言えば、労働時間は少ない方がいい。労働時間が少なければ、その分自由が増えて、自分のやりたいことに人生時間を投入できる。一方で、労働の代償としての賃金はできる限り高い方がいい。賃金が高くなれば、その分、自分のやりたいことのために、もっとカネを使えるようになる。

　しかし、この日本という国では、こうした労働にまつわる人権も、政治的な意図の下、非常に深刻な状況に置かれている。ここでは、最もよく指摘されている5つのポイントを説明しておきたい。

最低賃金

第1は最低賃金だ。日本は最低賃金が著しく低い国として有名なんだ。下図「最低賃金の水準」を見てほしい。これはOECD加盟国の最低賃金をグラフにしたものだ。このように、日本の最低賃金は、先進国の中でも極めて劣悪な水準にある。2017年時点では、日本の最低賃金は全国平均で961円前後（2022年8月）。最低賃金でフルタイムで働いても、年収は170万円前後にしかならない。「健康で文化的な生活」を送るには絶望的な数値だ。

要するに、日本企業は、国際比較的に見て非常に低い賃金水準で、下層労働者を酷使できる。そういう悲惨な下層労働の上に成立してきたのが戦後の「経済大国日本」というわけ。特に、大学業界から経済的に追い込まれている大学生は、そういう下層労働に投入させるのに絶好のターゲットなんだ。

01 価値
02 人権
03 教育
04 労働
05 階級
06 結婚
07 生命
08 秩序
09 刑罰
10 象徴
11 政府
12 国民
13 恐怖

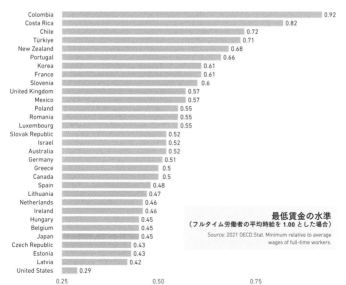

Colombia	0.92
Costa Rica	0.82
Chile	0.72
Türkiye	0.71
New Zealand	0.68
Portugal	0.66
Korea	0.61
France	0.61
Slovenia	0.6
United Kingdom	0.57
Mexico	0.57
Poland	0.55
Romania	0.55
Luxembourg	0.55
Slovak Republic	0.52
Israel	0.52
Australia	0.52
Germany	0.51
Greece	0.5
Canada	0.5
Spain	0.48
Lithuania	0.47
Netherlands	0.46
Ireland	0.46
Hungary	0.45
Belgium	0.45
Japan	0.45
Czech Republic	0.43
Estonia	0.43
Latvia	0.42
United States	0.29

最低賃金の水準
（フルタイム労働者の平均時給を 1.00 とした場合）
Source: 2021 OECD.Stat. Minimum relative to average wages of full-time workers.

0.25　　　　　0.50　　　　　0.75　　　　　1.00

　こうした劣悪な賃金水準なども要因となって、日本の貧困問題が指摘されているのは、キミもご存じの通り。下左図「貧困率」は、世帯平均年収の半分以下の年収（貧困ライン）しかない者の割合である。日本は、OECD諸国の中でも、貧困ラインを下回る貧困層が多い国であることが分かるよね。さらに、下右図「貧困ギャップ指数」は、貧困層の平均所得が貧困ラインをどれだけ下回っているかを示す値である。日本の貧困層は、単に人口が多いだけではない。その貧困の深さ（poverty depth）も、他のOECD諸国と比較して、深刻なレベルにあることが分かるんだ。

貧困率 Poverty rate, Total, 2021 or latest available https://data.oecd.org/inequality/poverty-rate.htm		**貧困ギャップ指数** Poverty gap, Total, 2021 or latest available https://data.oecd.org/inequality/poverty-gap.htm	
Iceland	0.049	Ireland	0.187
Czech Republic	0.056	Czech Republic	0.203
Denmark	0.064	Slovenia	0.205
Finland	0.065	Finland	0.212
Ireland	0.074	Belgium	0.233
Slovenia	0.074	Sweden	0.238
Slovak Republic	0.078	Luxembourg	0.25
Belgium	0.081	Germany	0.256
Netherlands	0.082	France	0.261
France	0.084	Portugal	0.266
Norway	0.084	Iceland	0.267
Sweden	0.089	Estonia	0.273
Hungary	0.092	Lithuania	0.282
Germany	0.098	Poland	0.282
Poland	0.098	Slovak Republic	0.284
Switzerland	0.099	Türkiye	0.284
Austria	0.100	Denmark	0.289
Luxembourg	0.105	Switzerland	0.289
Portugal	0.106	Austria	0.294
Greece	0.115	Australia	0.297
Canada	0.116	Korea	0.302
Australia	0.124	Canada	0.303
New Zealand	0.124	Chile	0.310
United Kingdom	0.124	Latvia	0.310
Italy	0.142	New Zealand	0.313
Türkiye	0.144	Netherlands	0.324
Spain	0.147	United Kingdom	0.326
Estonia	0.149	Greece	0.331
Korea	0.153	Israel	0.334
Lithuania	0.154	Mexico	0.337
Japan	0.157	Hungary	0.343
Chile	0.165	Norway	0.350
Mexico	0.166	Spain	0.356
Latvia	0.169	Japan	0.364
Israel	0.173	Costa Rica	0.365
United States	0.180	United States	0.368
Costa Rica	0.203	Italy	0.396
0.03　0.09　0.15　0.21		0.15　0.20　0.25　0.30　0.35　0.40	

休暇が与えられない国

　第2は有給休暇の問題だ。有給休暇とは、労働者がいつでも個人的に仕事を休んでもいい日のこと。しかも、その休んだ日も賃金は支払われる。「我が社は土日が休日だ」と言われても、それ以外に休みたい日もあるわけだよね。ちょっと仕事に疲れたら、1週間ぐらいバカンスにでも出かけたい。それが有給休暇という制度だ。労働者の最低限の人権として、世界各国で普及している制度だ。

　ところがだ。下図を見てほしい。これはOECD加盟国における公定有給休暇（有給休暇＋有給祝日）の標準日数だ。労働者が初年度にもらえる日数だね。これを見ても分かるように、日本の場合、休暇日数はわずか10日と絶望的に少ない。

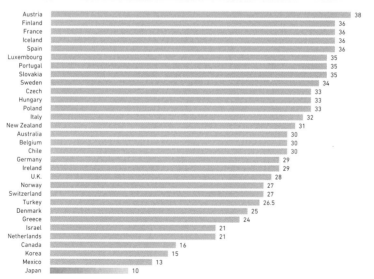

公定有給休暇日数（有給休日＋有給祝日）
フルタイム労働者が1年間勤務した時点（2018年時点、著者調べ）

Austria	38
Finland	36
France	36
Iceland	36
Spain	36
Luxembourg	35
Portugal	35
Slovakia	35
Sweden	34
Czech	33
Hungary	33
Poland	33
Italy	32
New Zealand	31
Australia	30
Belgium	30
Chile	30
Germany	29
Ireland	29
U.K.	28
Norway	27
Switzerland	27
Turkey	26.5
Denmark	25
Greece	24
Israel	21
Netherlands	21
Canada	16
Korea	15
Mexico	13
Japan	10

01 価値
02 人権
03 教育
04 労働
05 階級
06 結婚
07 生命
08 秩序
09 刑罰
10 象徴
11 政府
12 国民
13 恐怖

　日本の政治家の中には「日本は有給休暇が少ないが、その代わりに祝日（holiday）が多い」と言い訳する人間もいる。しかし、これは明白な誤りだ。日本の祝日は法律上の休暇日ではない。国際標準の基準でも、日本の祝日は祝日にカウントされない。

　一口に祝日といっても、その法的性質は、国によって異なる。特に人権先進国では、祝日は有給祝日（paid public holiday）となっていて、全国民に休暇が法律で保障されている。祝日に休暇をとった分、その月の賃金が引かれることもない。やむをえず祝日に労働させられた労働者には、休日出勤という扱いで賃金が割増しされたり、もしくは、代わりの休日が保障されている。一方、日本の祝日は、労働者に休暇を保障する日ではなく、単なる「めでたい日」だ。

ノルウェーの憲法記念日における首都オスロの様子。ノルウェー国民がいかに自国を誇りに思っているかがよく分かる光景である。ノルウェーでは、労働者が祝日に休んでも祝日賃金（holiday pay）が支払われる。

　日本における祝日の法的根拠となっているのは**祝日法**という法律だ。同法3条には「祝日は休日とする」という文言が見えるが、これは「会社は祝日に労働者に労働させてはならない」という法的義務を示したものではない。「めでたい日だから、あなたの会社の従業員も休ませた方がいいかもね」という意味にすぎない。

　この国の法律では、週1日ほどの休日を従業員に与えていれば、それで合法だ。現に、この国では、祝日にも労働させられている労働者がたくさんいる。祝日に休んだ分、その月の賃金が低くなる労働者もたくさんいる。祝日に労働させられた代償として、代替休日が法的に保障されるわけでもない。国際標準では、日本における有給祝日はゼロ――国際標準における holiday が存在しない国なんだ。

店舗の明かりが煌々と道を照らす祝日の銀座。「日本の祝日」の特徴は、大勢の労働者が通常通りの勤務を要求され、労働を課せられている点だ。警察や消防といった公共的職業ならともかく、なぜ多くの民間労働者が祝日に働かされているのか？　もちろん、それは、日本の祝日が公定休暇日として法律で保障されていないからだ。

01 価値
02 人権
03 教育
04 労働
05 階級
06 結婚
07 生命
08 秩序
09 刑罰
10 象徴
11 政府
12 国民
13 恐怖

　しかも、人権水準の高い欧州諸国では、有給休暇や有給祝日とは別に病気休暇制度（sick leaves）も普及している。風邪やケガをした場合、有給休暇ではなく、この病気休暇制度を使って休むことができる。

　例えば「労働者天国」と言われているフランスでは、病気のために有給休暇を使うことはあまりない。フランスには病気休暇制度があり、その日数に制限はない。医師の診断次第で、何日でも病気休暇を取得できる。年30日までならば90％の賃金が支払われ、次の30日間までは60％の賃金が支払われる。

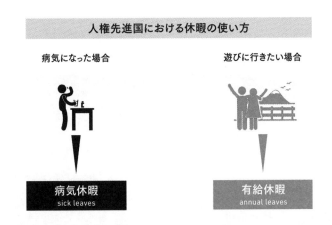

人権先進国における休暇の使い方

病気になった場合　　　　　　　　　遊びに行きたい場合

病気休暇　　　　　　　　　　有給休暇
sick leaves　　　　　　　　annual leaves

　しかし、日本では、この病気休暇制度が普及していない。だから、従業員は、病気になった時に備えて、年休を貯めこまざるを得ない。結果として、年休を使わないまま時効で消滅させてしまう。日本人は、ただでさえ他国と比べて有給休暇の日数が少ないのに、その貴重な有給休暇の大半を使わずに捨てるんだ。

　例えば、2018年に厚生労働省が実施した「就労条件総合調査」によれば、日本人労働者の年休利用率は**51.1%**にとどまっている。言い換えれば、日本人労働者は、自分の人権の5割近くを自ら捨てているわけだ。信じがたいことだけど、日本企業では、インフルエンザに罹患しても、年休をとらずに出勤してくる者すら存在する。

■ 年休利用率	▨ 年休未利用率
51.1%	48.9%

　なお、フランスでは、5月1日から10月31日の間に、最長4週間の長期休暇をとることができる。つまり、フランス人労働者には、**夏休みをすごす権利**が人権として付与されている。フランスの夏は、全フランス国民にとってのバカンスシーズンだ。地中海沿岸やアルプス山脈に向けて、フランス国民の「民族大移動」が始まるんだ。

　一方、夏休みの権利がない日本の労働者は、気温35度を超える真夏日でも、汗だくになって出勤し、深夜まで労働に励むわけだ。キミも、この国で労働者としてまっとうな人生を送りたいなら、有給休暇を使いきろうなんて考えちゃいけない。この国には報復人事というビジネス文化が存在する。有給休暇を使いきるような従業員は「不真面目」と判断されて、左遷やリストラの対象になる危険性がある。

01 価値
02 人権
03 教育
04 労働
05 階級
06 結婚
07 生命
08 秩序
09 刑罰
10 象徴
11 政府
12 国民
13 恐怖

　この国における有給休暇は、あくまで重病で動けない場合や、肉
親が死んで通夜や葬式に参加すべき場合のみに利用すべきものと
なっている。本来、有給休暇とは、労働者が日々の苦痛だらけの
労働から解放され、純粋に自由を満喫するための制度だ。労働者
がバカンスを楽しむために設けられた制度なんだ。しかし、そうし
た有給休暇制度の意義を理解している人間は、日本社会にはほと
んど存在しない。

サービス残業

　第3はサービス残業の問題だ。まずは下図を見てほしい。これは
OECD加盟国における「全労働者の平均年間労働時間」だ。「日本
人は働きすぎだ」という声をよく聞くんだけど、このグラフを見る
限り、日本人全体がそれほど働いているようには見えない。

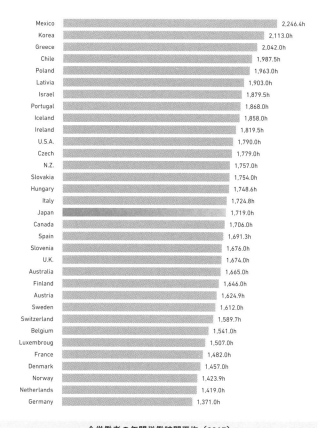

Mexico	2,246.4h
Korea	2,113.0h
Greece	2,042.0h
Chile	1,987.5h
Poland	1,963.0h
Lativia	1,903.0h
Israel	1,879.5h
Portugal	1,868.0h
Iceland	1,858.0h
Ireland	1,819.5h
U.S.A.	1,790.0h
Czech	1,779.0h
N.Z.	1,757.0h
Slovakia	1,754.0h
Hungary	1,748.6h
Italy	1,724.8h
Japan	1,719.0h
Canada	1,706.0h
Spain	1,691.3h
Slovenia	1,676.0h
U.K.	1,674.0h
Australia	1,665.0h
Finland	1,646.0h
Austria	1,624.9h
Sweden	1,612.0h
Switzerland	1,589.7h
Belgium	1,541.0h
Luxembroug	1,507.0h
France	1,482.0h
Denmark	1,457.0h
Norway	1,423.9h
Netherlands	1,419.0h
Germany	1,371.0h

全労働者の年間労働時間平均（2017）
Source: https://data.oecd.org/emp/hours-worked.htm

　ただし、これには裏がある。下図「男性／女性の1日平均労働時間」を見てほしい。これを見れば一目瞭然だけど、男性に限ってみると、日本は世界最悪の長時間労働大国だ。一方で、女性はパートタイム労働者が多いので、必然的に平均労働時間は短くなる。そして、男女を合わせた「全労働者の平均労働時間」になると、OECDの中でも真ん中あたりになるわけ。

　要するに、日本という国は、労働時間問題もあれば男女格差問題もあるという、色々な意味で問題山積の状況なんだ。

男性の1日平均労働時間 (h)

Japan	7.858
Mexico	7.793
Korea	7.032
Portugal	6.205
Austria	6.080
Turkey	6.005
Netherlands	5.900
Italy	5.822
Ireland	5.732
Canada	5.690
N.Z.	5.633
Spain	5.563
OECD	5.475
Hungary	5.453
U.S.A.	5.373
Sweden	5.365
Australia	5.068
Poland	5.053
Slovenia	4.997
U.K.	4.953
Norway	4.863
Germany	4.693
Belgium	4.427
Denmark	4.335
Finland	4.150
France	3.890

女性の1日平均労働時間 (h)

Korea	4.555
Sweden	4.478
Canada	4.450
Austria	4.147
Spain	4.097
U.S.A.	4.032
Slovenia	3.903
Mexico	3.887
Hungary	3.867
Portugal	3.855
Norway	3.807
OECD	3.588
Finland	3.500
Japan	3.440
Netherlands	3.425
N.Z.	3.417
Italy	3.292
Ireland	3.285
Poland	3.282
U.K.	3.277
Denmark	3.243
Belgium	3.15
Germany	3.015
France	2.875
Australia	2.867
Turkey	2.062

Source: OECD Stat. Time spent in paid and unpaid work, by sex. (2017)

しかも、それ以上に問題なのは、こうした統計上の数値に**サービス残業（サビ残）**の時間が考慮されていない点だ。要するに、OECDや日本政府が把握していない非公式の労働時間が大量に存在するということさ。サービス残業という言葉はキミも聞いたことがあるよね。「対価としての賃金を受け取らず、無償で時間外労働を奉仕する」という日本が世界に誇る国民的文化だ。

2014年に日本労働組合総連合会が実施したアンケート調査では、サービス残業経験者は約42.6％、その平均時間は月16.7時間となっている。これらの数値も、サビ残の表面的な部分をすくい上げたものにすぎない。日本人がどれだけサビ残をやらされているかは未知数だ。

サビ残経験者　　2014年　サビ残平均時間
連合調査

42.6%　　16.7h/month

　このサビ残という非公式の労働時間を計算に入れると、日本人の労働時間は想像を絶するレベルとなる。男性労働者の労働時間は、世界でも群を抜くレベルになる。女性労働者の労働時間も、実は世界トップレベルに位置するかもしれない。とにかく、1つ闇を見つけたら、その奥にもっと深い闇がある。それが日本の労働なんだ。

　キミも日本企業で働いてみれば分かると思うけど、サービス残業を拒否することはなかなか困難だ。あくまで「自発的に」会社に居残るしかない空気が職場を覆っている場合、キミに、その空気を壊す勇気はないだろう。

　さらには、ここでも報復人事というビジネス文化が出てくる。サービス残業を拒否したり「この残業には残業代が支払われるのか」を常に確認してくるような従業員はどうなる？　もちろん、左遷やリストラの対象となる。職場で村八分やイジメを受けるかもしれない。だから、キミも安易にサビ残を拒否してはいけないんだ。

　念のために指摘しておくけど、従業員にサービス残業をやらせることは違法行為だ。裏を返せば、サービス残業という違法行為が社会の隅々にまではびこっている日本という国は、まぎれもなく世界的な犯罪大国だということ。

「日本は世界一治安が良い。こんな素晴らしい国に生まれたことをありがたく思いなさい」この国の政治家や教師や親たちは、そんなことを子供たちに説く。しかし、実際には、日本ほど治安が悪い国はなかなかお目にかかれない。無数の労働者がサビ残という違法行為の被害者となり、しかも裁判に訴えることもなく泣き寝入りをしている。繰り返すけど、日本は世界屈指の犯罪大国なんだ。

夜の西新宿や丸の内を歩いていると、**美しい高層ビルの夜景**が目に飛び込んでくる。しかし、キミは18歳を過ぎた大人だ。決して「きれいだね」「大きいね」などという幼稚な感想を口にしてはいけない。その美しい高層ビルの夜景の中で、どれだけの労働者がサビ残をさせられているか。どれだけの労働者が長時間労働にあえいでいるか。それを想像しながら泣いてほしい。泣くんだよ。

失業・恐怖・死

　日本の労働に関して、第4に挙げたいのは失業の問題だ。まずは下左図を見てほしい。これはOECD加盟国全体における失業率のグラフだ。「15歳以上で求職活動をしているが労働に従事していない者」の割合を示している。これを見れば一目瞭然だけど、日本の失業率は世界最低水準にある。一見して評価できる数値だ。

　ちなみに、下右図も見てほしい。若者たちの失業率を見ても、日本の数値は世界的に低い。日本という国では、大半の若者が労働に従事している。まさに「全世代的な勤労国家」だ。他国では、高校・大学を出た後、しばらく放浪したりブラブラ遊んでいる若者も多いけど、日本には、そんな人間はほとんどいない。

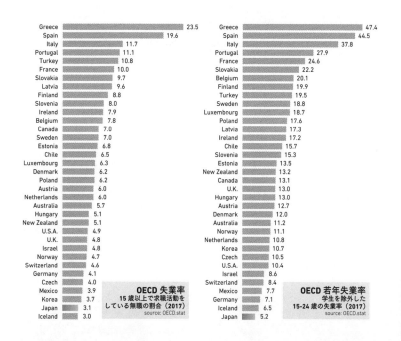

	左図		右図	
Greece	23.5	Greece	47.4
Spain	19.6	Spain	44.5
Italy	11.7	Italy	37.8
Portugal	11.1	Portugal	27.9
Turkey	10.8	France	24.6
France	10.0	Slovakia	22.2
Slovakia	9.7	Belgium	20.1
Latvia	9.6	Finland	19.9
Finland	8.8	Turkey	19.5
Slovenia	8.0	Sweden	18.8
Ireland	7.9	Luxembourg	18.7
Belgium	7.8	Poland	17.6
Canada	7.0	Latvia	17.3
Sweden	7.0	Ireland	17.2
Estonia	6.8	Chile	15.7
Chile	6.5	Slovenia	15.3
Luxembourg	6.3	Estonia	13.5
Denmark	6.2	New Zealand	13.2
Poland	6.2	Canada	13.1
Austria	6.0	U.K.	13.0
Netherlands	6.0	Hungary	13.0
Australia	5.7	Austria	12.7
Hungary	5.1	Denmark	12.0
New Zealand	5.1	Australia	11.2
U.S.A.	4.9	Norway	11.1
U.K.	4.8	Netherlands	10.8
Israel	4.8	Korea	10.7
Norway	4.7	Czech	10.5
Switzerland	4.6	U.S.A.	10.4
Germany	4.1	Israel	8.6
Czech	4.0	Switzerland	8.4
Mexico	3.9	Mexico	7.7
Korea	3.7	Germany	7.1
Japan	3.1	Iceland	6.5
Iceland	3.0	Japan	5.2

OECD 失業率
15歳以上で求職活動を
している無職の割合（2017）
source: OECD.stat

OECD 若年失業率
学生を除外した
15-24歳の失業率（2017）
source: OECD.stat

　そもそも、なぜ日本はこんなに失業率が低いのか。それは、日本社会に「失業への恐怖」が存在しているからだ。気軽に失業できない、常に労働しなきゃいけない状況があるにすぎない。

　下図を見てほしい。これは、各国政府が失業者への経済的支援のために、どれぐらいのカネを使っているかの割合だ。日本はこの**失業者支援**に関して最悪水準にある。失業者のための予算がほとんどない。失業者に対して非常に冷たい国だということが分かる。キミの身の回りを見ても「失業しているから、政府にずっと生活費を面倒見てもらっている」なんて人間がどれだけいるかな？

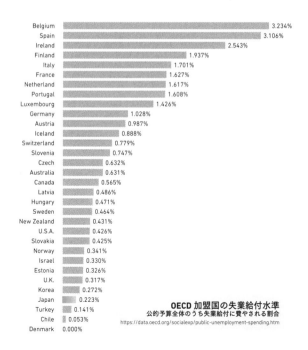

Belgium	3.234%
Spain	3.106%
Ireland	2.543%
Finland	1.937%
Italy	1.701%
France	1.627%
Netherland	1.617%
Portugal	1.608%
Luxembourg	1.426%
Germany	1.028%
Austria	0.987%
Iceland	0.888%
Switzerland	0.779%
Slovenia	0.747%
Czech	0.632%
Australia	0.631%
Canada	0.565%
Latvia	0.486%
Hungary	0.471%
Sweden	0.464%
New Zealand	0.431%
U.S.A.	0.426%
Slovakia	0.425%
Norway	0.341%
Israel	0.330%
Estonia	0.326%
U.K.	0.317%
Korea	0.272%
Japan	0.223%
Turkey	0.141%
Chile	0.053%
Denmark	0.000%

OECD 加盟国の失業給付水準
公的予算全体のうち失業給付に費やされる割合
https://data.oecd.org/socialexp/public-unemployment-spending.htm

01 価値
02 人権
03 教育
04 労働
05 階級
06 結婚
07 生命
08 秩序
09 刑罰
10 象徴
11 政府
12 国民
13 恐怖

例えば、ノルウェーやフランスといった社会保障の手厚い国々では、失業しても、事実上無期限でなんらかの給付や扶助が政府から支給される。人権先進国は自国民を見殺しにはしない。そういった国では、別に失業なんて怖くないのさ。むしろ、失業は、次の仕事に向けての準備期間、勉強期間みたいなものだ。

一方で、日本では、いったん失業すると、わずか数ヶ月間しか失業手当が支給されない。その後は飢えて死ねってわけ。死にたくなければ、ブラック企業だろうとどこだろうと、とにかく我慢して働けってね。それが日本という社会なのさ。まさに、日本では失業が死と直結している。この国で失業することは恐怖そのものなんだ。

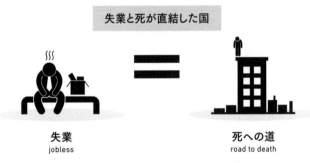

失業と死が直結した国

失業
jobless

死への道
road to death

キミも、ブラック企業に入社して心の病を背負いながら必死に勤務しているオジサンオバサンたちを見ると「なんでそんなところで働いてるんだ。さっさと辞めればいいのに」と思うよね。しかし、こういう国だと辞めるに辞められない。どれだけブラック企業で虐げられようと、飢えて死ぬよりはマシということだ（本当にマシかどうかは十分な科学的考察が必要だけど）。

　結局、日本人は、学校を卒業した後、空白期間なく就職するしかない。転職するにしても、決して空白期間を作ってはならない。そして、いったんどこかの会社に落ち着いたら、サビ残にもパワハラにも転勤命令にも長時間労働にも耐え、何があっても会社にしがみつき、会社に依存して生きていく。まさに「社畜」への第一歩だね。

01 価値
02 人権
03 教育
04 労働
05 階級
06 結婚
07 生命
08 秩序
09 刑罰
10 象徴
11 政府
12 国民
13 恐怖

過労死

　第5は過労死の問題だ。長時間労働によって身体的負担が重なり、死に至ることだね。欧米の辞書でも"karoshi"と表記されるほど有名な日本語となっている。「仕事のために死ぬ、組織のために死ぬ」という日本が世界に誇る国民的文化だ。

NEW OXFORD AMERICAN DICTIONARY

【karoshi】
(in Japan) death caused by overwork or job-related exhaustion

COLLINS ENGLISH DICTIONARY

【karoshi】
(in Japan) death caused by overwork

過重労働
overwork

| 脳血管障害 | 心疾患 | 自殺 |
| cerebrovascular disorder | cardiovascular disease | Suicide |

　有名な過労死事件をリスト化してみたけど、もちろんこれは氷山の一角だ。過労死にもかかわらず、企業側によるもみ消し工作で、単なる病死として片付けられるケースも後を絶たない。

2007年、**マツダ**勤務の男性（当時25歳）が社宅の自室にて自殺。部署異動後に月80時間以上の残業をさせられていた。上司に相談しても罵倒されるのみの孤立無援な状況だった。

2008年、**ワタミフードサービス**勤務の女性（当時26歳）が入社2ヶ月目で自殺。入社直後から月140時間超の時間外労働。

2008年、**ウェザーニュース**に試用勤務の男性気象予報士（当時25歳）が月130〜230時間の残業を強要されて精神病を患った上に本採用を断られ、自宅にて首吊り自殺。

2008年、日本政府の**外国人研修制度**を通じて日本国内の工場に勤務していた中国人男性（当時31歳）が急性心不全で死亡。時給400円で月100時間以上の時間外労働。国連調査団はこの制度について「人身売買・奴隷制度に近い」と報告。

2010年、**東京キリンビバレッジサービス**勤務の男性（当時23歳）が月120時間を超える残業を強いられ、「仕事がつらい。父さん母さんをよろしく」と姉にメールを送った後、会社ビル屋上から飛び降り自殺。

2011年、**富士通**勤務の男性（当時42歳）が自宅にて急性心不全で死亡。死亡直前は、月80時間以上の残業を強いられ、休日を得たのは2ヶ月間でわずか1日だった。

2012年、**JR西日本**勤務の男性（当時28歳）が、10ヶ月連続で月100時間残業、最長で月254時間の残業を強いられ、精神病を患い、自宅マンションから飛び降り自殺。

2012年、**東北大学**勤務の男性教員（当時48歳）が、大学当局から多数の研究・教育業務を課せられ、過度の長時間労働に耐え続けるも大震災後に自殺。「過重労働の恣意的強制があった」として過労死認定。同大では、2007年に男性助手（当時24歳）が月100時間超の時間外労働を課せられ、研究室の窓から投身自殺したことも明るみになっている。

2013年、**NHK**勤務の女性（当時31歳）が鬱血性心不全で死亡。記者職として月150時間を超える時間外労働を負っていた。

2013年、**ゼリア新薬工業**勤務の男性（当時22歳）が、新卒入社後2ヶ月弱で自殺。研修施設に詰め込まれて新人研修を受けており、その心理的負担によるものとされている。

2015年、**電通**勤務の女性（当時24歳）が飛び降り自殺。自殺1ヶ月前は月100時間を超える時間外労働を負っていた。電通では1991年に24歳の男性従業員が過労自殺に追い込まれて大きく報道。「過労死」「過労自殺」という言葉が普及していく契機の1つとなっていた。

2016年、**関西電力**勤務の40代男性が、関西電力高浜原発の運転に関する業務に追われ、月100時間を超える残業が毎月続き、出張先の都内ホテルにて自殺。

2017年、**東京オリンピック事業**に絡み、新国立競技場の建設関連作業にあたっていた下請建設会社の従業員（当時23歳）が月200時間の時間外労働に加えて、作業スピードを上げるプレッシャーから鬱病を発症して自殺。

01
価値

02
人権

03
教育

04
労働

05
階級

06
結婚

07
生命

08
秩序

09
刑罰

10
象徴

11
政府

12
国民

13
恐怖

　このように見ていると、過労死も多いけど、過労自殺という現象
も多い。文字通り、過酷な労働により精神的負担が重なって自殺
に至ることだ。特に、都市部で働いている労働者は悲惨だね。毎朝
のように、地獄の満員電車に収容されて出勤させられる。そして、
会社に着けば、後は深夜1〜2時まで続く長時間労働。当然ながら、
睡眠時間は極めて短くなる。

　下図を見てほしい。これはOECD加盟国における全国民の平均睡
眠時間だ。日本人の睡眠時間は先進国の中でも極めて短い水準と
なっている。日本の労働者は、総じて、慢性的な睡眠不足状態に
追い詰められているんだ。

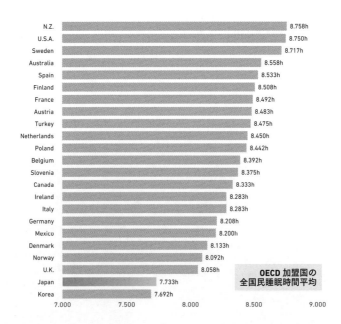

N.Z.	8.758h
U.S.A.	8.750h
Sweden	8.717h
Australia	8.558h
Spain	8.533h
Finland	8.508h
France	8.492h
Austria	8.483h
Turkey	8.475h
Netherlands	8.450h
Poland	8.442h
Belgium	8.392h
Slovenia	8.375h
Canada	8.333h
Ireland	8.283h
Italy	8.283h
Germany	8.208h
Mexico	8.200h
Denmark	8.133h
Norway	8.092h
U.K.	8.058h
Japan	7.733h
Korea	7.692h

**OECD 加盟国の
全国民睡眠時間平均**

7.000　　7.500　　8.000　　8.500　　9.000

　ボクの大学時代の知人も、すでに2人ほど「過労自殺」した。もちろん、表向きは単なる自殺だ。過労死とは扱われていない。1人は大手マスコミ勤務。もう1人は大手金融機関勤務だった。2人が共通して自殺前に口にしていたのは「睡眠不足がつらい」「人間関係がつらい」「満員電車がつらい」という3点だった。2人とも、職場は都心の本社ビル。毎朝のように満員電車に収容されて、呼吸も満足にできないまま、就労先まで移送されていた。

　ちなみに、自殺した2人のうち1人は、都立大学駅から大手町駅まで通勤していた。そして、ときおり耐えられなくなって、途中下車して駅ホーム上で嘔吐していたそうだ。早朝から人前でゲロを吐いていたんだ。そのゲロを吐く時が1日のうち唯一幸福を感じられる時だと言っていた。

01 価値
02 人権
03 教育
04 労働
05 階級
06 結婚
07 生命
08 秩序
09 刑罰
10 象徴
11 政府
12 国民
13 恐怖

FGMとKAROSHI

　2章で紹介したFGMの話を思い出してほしい。アフリカの人々が守り続けている文化の実態をキミも知ったはずだ。「なんというひどい文化だ」「文化だからといってなんでも許されるのか」といった感想を抱いたかもしれない。「いまからアフリカに行って彼らを啓蒙してあげよう」という行動計画を思い立ったかもしれない。

　しかし、アフリカと比べて、この日本はどうなんだ？　サビ残、通勤地獄、みなし残業、パワハラ、過労死、そして社畜。なんのことはない。この日本列島という極東の田舎も同じこと。文化の名の下に人権が日々無視され、文化の名の下に人間が日々殺されている。

　アフリカの人々を啓蒙するどころの話じゃない。なんとも滑稽な話だ。ボクらは、エラそうにFGM問題の是非を論じる立場にあると思うかい？　多くの人が教育産業から莫大なカネを巻き上げられた挙句に、卒業後はそんな労働者人生を送ろうとしている。それが日本の教育と労働なんだ。

階級

連中がオバマを社会主義者と罵れば罵るほど、
オバマは支持率を伸ばしていった
連中が社会主義という言葉を使えば使うほど、
若者たちは社会主義に興味を抱くようになった

—— マイケル・ムーア

キミの階級

　下図を見てほしい。これは日本社会における経済階級の図だ。純金融資産がいくらあるかによって、日本の全世帯を5つのクラスに分類している。キミの実家はどういう階級に位置するだろうか。

　ちなみに金融資産というのは、簡単に言えば「カネと金融商品」のこと。現金や預貯金や株式のことだね。家や車といったモノは入らない。そして、純金融資産とは、金融資産から負債を引いたもの。例えば、キミの実家の金融資産をかき集めたら3000万円分ほどあったとする。しかし、それとは別に2500万円の借金やローンが残っていたら？　その家の純金融資産は500万円ということになる。

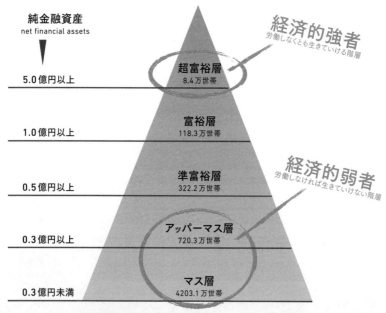

純金融資産
net financial assets

経済的強者
労働しなくとも生きていける階層

5.0億円以上　超富裕層　8.4万世帯

1.0億円以上　富裕層　118.3万世帯

0.5億円以上　準富裕層　322.2万世帯

経済的弱者
労働しなければ生きていけない階層

0.3億円以上　アッパーマス層　720.3万世帯

0.3億円未満　マス層　4203.1万世帯

野村総合研究所2018年12月18日発表News Releaseに基づいて筆者作成

　なぜこんな図を見せたかというと、キミの住んでいる世界は**階級社会**（class society）だという事実を直視させるためだ。

　このピラミッドにおける超富裕層は「経済的強者」と表現できる。「一生労働する必要のない層」だね。だから、自分の好きなこと、自分のやりたい活動に一生打ち込める。一方で、マス層やアッパーマス層の人々は「経済的弱者」と表現できる。「一生の大半を労働に費やすしかない層」だ。カネがないから、毎日働いて賃金を稼がないといけない。それがどんなにやりたくないものであっても、拒否することは難しい。

　要するに、この世の中には、大して労働しなくても自由に生きていける人もいる。一方で、日々あくせく働かないと生きていけない人もいる。それが古今東西変わらない**世界の構造**だ。

持つ者と持たざる者

　まず、資本主義（capitalism）の話からはじめよう。人間世界には、ヒトとモノの2つしか存在しない。人間世界には、無数のモノが存在する。無数のモノが絶えず生産され、消費されている。食糧も武器も衣類も家屋もなければ、人間世界は成立しない。

　このモノを生産するための資源を資本（capital）という。具体的には、工場、原材料、機械、事務所などが挙げられる。もしくは、そういうものを一式そろえたのが会社だ。その会社が生産するモノには、携帯電話や住宅といった目に見えるものから、教育や売春といった目に見えないものまで、たくさんある。

　前章でも触れたけど、資本主義とは、この資本を社会のみんなで共有するんじゃなくて、一部の個人が私的に所有する仕組みだ。カネを大量に持っている人々は、この資本を所有することができる。そういう人々をまとめて資本家階級（capitalist class）という。ここでは分かりやすく「1%階級」としておこう。とにかく、カネを大量に持っている人々は、価値ある会社に投資し、その会社を所有し、その会社が生み出す利益を自動的にゲットしていく。

　一方で、カネを持っていない人はどうするか。資本家に自分自身を売って生存するしかない。「私を労働力として買ってください。会社の従業員にしてください」とね。それが労働者階級（laboring class）だ。ここでは分かりやすく「99%階級」としておこう。公務員すら、こうした資本主義の仕組みを法制度的に維持するための労働に身を投じる99%階級の一部にすぎない。

　99%階級は1%階級から見放されたら終わりだ。だから、99%階級に生まれた子供は、小さい頃から、外見・学歴・技能・協調性などを高めていく。自分自身をより高く販売するためにね。キミのいままでの人生だって、そういうものを鍛えるための活動ばかりのはずだ。

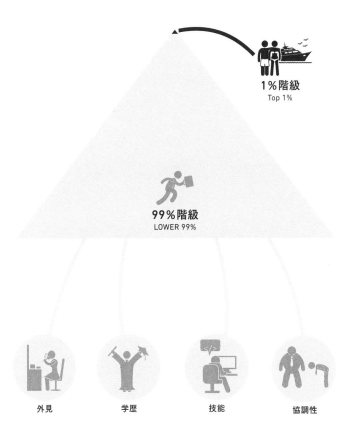

1%階級
Top 1%

99%階級
LOWER 99%

外見　　　学歴　　　技能　　　協調性

人生時間の格差

　ここで注意すべきは「1%階級と99%階級の間にある格差はカネだけではない」ということ。人間にとってカネよりも重要なもの——そう、時間（time）すらも圧倒的格差が出てくる。

　「金持ちも庶民も、時間だけは平等だ。なぜなら誰にも寿命があるからだ」と、大人が子供によく教えるよね。しかし、それはウソだ。99%階級の人生をよく見てほしい。彼らは、一度しかない貴重な人生時間の大半を「本当はやりたくもない労働」に費やしているだけだ。もしくは「やりたくもない労働」にムリヤリ「やりがい」「生きがい」といった宗教的感覚を見出して、なんとか精神的安定を保っているにすぎない。

　まさか、本書を手にとってくれた賢明なキミが、毎日「やりがい」とやらを本気で感じて賃金労働してはいないはずだ。どこかのカルト信者じゃあるまいし。労働の本質は苦痛だ。自分のやりたいことだけやって生きていける幸運な労働者なんて、ごく一部。みんな本当は労働なんてやりたくない。でも、生存するために会社にしかたなく身体と時間を売りわたし、生存と引き換えに苦行に耐えている。それだけの話だ。

そういう意味では「やりがい」「感動」といった宗教めいた怪しい言葉を持ち出してくる経営者には用心した方がいい。サイコパスな人間ほど、そういうことを嬉々として口にするからね。ちなみに、近年、英国で発表された学術研究によると、最もサイコパスの割合が多い職業は「会社経営者」だ。

話を戻そう。99%階級の人生時間なんて、大半は「やりたくもない労働」で埋め尽くされる。一方、1%階級の人間は、人生時間の大半を「自分のやりたいこと」に費やすことができる。趣味、研究、政治、事業、旅行、恋愛、性交などに没頭する時間を生涯保障され、生涯にわたって自由な人生を謳歌できる。睡眠時間も十分に確保されている。それが1%階級だ。99%階級は、彼ら1%階級の自由時間を支えるためにこそ存在している。

こう言い換えてもいい。本来は、すべての人間が「自分のやりたいこと」に人生時間を費やしたいはずだ。しかし、すべての人間が「自分のやりたいことしかやらない」ようになったら、世界は機能しない。人間世界には、誰もやりたくないけど、誰かがやるしかないポストが大量にある。そのポストが常に満たされることで、世界はスムーズに回っていく。そのポストを引き受けているのが99%階級だ。

要するに、資本主義世界における自由とは、人権じゃない。商品なんだ。自由はカネを出して買うものにすぎない。キミがたくさんカネを持っていたら、自由がたくさん買える。カネを大して持っていなかったら、自由をほとんど買えない。資本主義世界において自由な人生を謳歌できるのはごく一部のみ。その中にキミは入っていない。99%の確率でね。

負債漬けの99％階級

　もう1つ注目すべきなのは負債（debt）の問題だ。99％階級には資産がない。だから、生活を維持するために、借金漬けの人生を歩む傾向が強い。例えば、多くの労働者は、数十年に及ぶ住宅ローンを契約して「住む権利」を購入する。資本主義世界では「住む」という人間の基礎的行為も、人権ではなく自己負担の問題だ。毎月の返済ができなくなれば「住む権利」を剥奪されるので、労働者は文字通り死ぬ気で労働に従事する。

　しかも、数十年後にローンを完済する頃には、その不動産の資産価値はほとんどゼロに近い。さらに、ローン完済後も、財産税だの修繕維持費だの災害保険料だのといったランニングコストが毎年かかってくる。資産価値は実質マイナスと言っていい。

　要するに、99％階級は、住宅ローンを組んで、資産ではなく負債をわざわざ買っているようなもの。しかし、彼らは、そうした負債を背負わないと「住む」という人類が古代から続けてきた基本的行為すら不可能な状況に置かれている。99％階級は、負債を常に抱え、負債を支払うための労働に従事し、毎月の負債支払額の計算をしながら生きていくんだ。

　99％階級が背負う負債は住宅ローンだけではない。自動車ローン、教育ローン、リフォームローン。その他様々な人生シーンにおいて、労働者は負債漬けになる。キミも街中を歩いてほしい。ローン関連の銀行広告をどれだけ目にするか。消費者金融の看板をどれだけ目にするか。この世の中はなんとかして労働者に負債を背負わせようという意図で満ちあふれている。

　99％階級がこういう負債漬けの状況にあるのは、1％階級からすれば、極めて都合がいい。1％階級は、99％階級の労働力を常に必要としているわけだからね。99％階級を負債漬けに追い込めば、いくらでも奴隷のように命令を聞いてくれる。地方転勤を命じたら黙って単身赴任するし、土下座しろと命じたら土下座するし、裸で踊れと命じたら裸で踊る。いつの時代も、負債とは奴隷をしばりあげる鎖そのものなんだ。

資本主義国家

　こういう資本主義の仕組みを公式に採用している国家を資本主義国家（capitalistic state）という。資本主義国家は、資本主義の仕組みを維持する責務を負っている。そして、資本主義を維持するには、資本主義のために人生時間を犠牲にしてくれる労働者が大量に必要だ。そういう「都合のいい労働者」が常に存在しないと、資本主義は崩壊する。必然的に、国家は、教育政策や宣伝政策を通して、そういうカモを複製的に大量生産するわけだ。

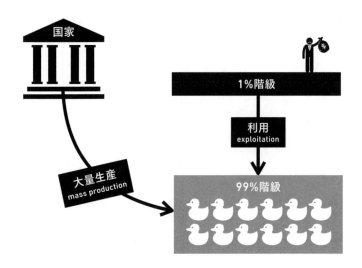

　「都合のいい労働者」を複製大量生産する手法は、どこの資本主義国家でも大して変わらない。資本主義世界に欠かせない規範──特に勤労・競争・消費といった規範を広く国民全体に普及させて、資本主義世界に適合する人格を国民に与える。そして、資本主義に向けて自発的に奉仕できる国民を仕上げていくわけだ。このあたりの「欠かせない規範」について、もう少し詳しく言及しておこう。

　第1の**勤労**（diligence）とは「上から求められている質・量の労働を常に提供せよ」という規範だ。キミも、子供の頃から「人間は働くべきだ」という価値観に多かれ少なかれ影響を受けてきたはずだよね。大人は常に労働しなきゃいけない、とね。働かない者は生きる資格はない。真夏の日も極寒の日も、会社の指示通りの時間に出社し、上から求められている水準の労働を常に提供しなければいけない。

　第2の**競争**（competition）とは「他者と常に競争して自己の市場価値を高めよ」という規範だ。キミも、子供の頃から、勉強や部活動で他者と競いあわされてきた。大学受験においては偏差値という数値によって他者との比較が図られる。これからは就職活動という競争が待っている。企業に入れば、従業員同士の出世競争が待ち構えている。そうしたあらゆる競争に、キミは勝利しなければならない。

　第3の**消費**（consumption）とは「多くのモノを常に購入し消費し続けよ」という規範だ。資本主義世界では、より多くのモノを持てば持つほど、その人間は幸福であると周りが認めてくれる。だから、キミも、消費活動をせざるを得ない。結婚すれば、住宅ローンを組んで住宅を購入する。子供ができたら、大金を払って私立校に通わせて学歴という商品を購入する。とにかく、モノを所有せよ。モノを消費せよ。その向こうに幸福が待っているとね。

勤労

競争

消費

01 価値
02 人権
03 教育
04 労働
05 階級
06 結婚
07 生命
08 秩序
09 刑罰
10 象徴
11 政府
12 国民
13 恐怖

しかし、そんな規範に従って生きていけば、楽しい人生が待っているかというと、そんな保証はない。いくら勤労は尊いと言われても、実際の日々の労働は苦痛と不自由でしかない。競争しろと言っても、その競争に勝ち残れるのはごくわずか。キミは競争に参加すればするほど敗北を味わい、劣等感と嫉妬と憎悪に満ちた人格に陥る。クルマや学歴や家を所有するにはカネが必要だ。カネを用意できないから負債を背負い、負債に伴う奴隷化を余儀なくされる。

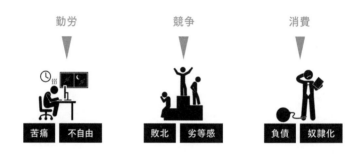

勤労	競争	消費
苦痛　不自由	敗北　劣等感	負債　奴隷化

要するに、上から与えられたイデオロギーに従って、レールに沿った人生を送ってみても、待っているのは、損失の不可避的拡大（inevitable spread of losses）なんだ。生きていくほど、自由・幸福・平穏といったプロフィットよりも、不自由・苦痛・苦悩といったロスの量のほうが上回っていくんだね。楽しい記憶はすぐに忘却される一方で、つらい記憶は長期間にわたってその者の脳内に留まり続ける。負の記憶やトラウマが溜まり続けると、ストレス障害やうつ病などにも至る。労働者階級がレールに沿った人生を送る限り「損失の不可避的拡大」は避けられない状況となっていくんだ。

　しかし、そうした状況が生まれるのは、キミ自身に欠陥があるからだ。欠陥は自分自身で努力して補うしかない。不平不満を口にしてはならない。国家や社会のせいにしてはいけない。周りのせいにする人間は弱い人間だ。周りに頼ろうとする人間は甘えた人間だ──こうした考え方を自助（self-help）という。自助もまた、資本主義国家に欠かせない規範だ。自己責任論と言われたら、ピンとくるだろうか。

自助
SELF-HELP

　資本主義国家における政府の役割は、資本主義を文化として定着させてしまうことだ。文化として固定化させれば、そこに住んでいる人々は、資本主義という仕組を疑うこともなくなる。資本主義の考え方が当たり前になりすぎて「資本主義」という言葉そのものが頭の中から消えてなくなる。

　そもそも主義（-ism）というのは、他に対立する考え方が色々あって、それらとせめぎあっているからこそ使われる言葉だ。他に対立するものがなければ-ismなどは存在しなくなる。「私は資本主義の世界に住んでいる」と意識することもなくなる。「資本主義世界」ではなく、単なる「世界」になるんだ。

社会主義

　こうした資本主義の仕組みは、日本だけのものじゃない。先進国ならどこにでも存在するものだ。ただし、欧州諸国では、資本主義政党ばかりじゃなく社会主義政党も議会で一大勢力となっている。だから、日本と比較すると99%階級に有利な政策が多いのも事実だ。

　社会主義（socialism）というのは、キミも小中高で習ったはずだ。資本やカネを1%階級に専有させるのではなく、なるべく社会のみんなで共有していこうという考え方だ。この社会主義の考え方に基づいた社会主義的政策が、多くの国々で実施されている。

資本主義
capitalism

富の社会的所有
private ownership

社会主義
socialism

富の社会的所有
social ownership

社会主義的政策

| 公営住宅 | 公営大学 | 公的奨学金 | 公営企業 | 公務員増大 |
| 無償医療 | 無償教育 | 生活扶助 | 労働時間短縮 | バカンス制 |

　下図を見てほしい。これは、OECD加盟国の議会において、社会主義政党がどれぐらい議席を有しているかを示したものだ。この図を見ると、多くの国々において一定の勢力を占めていることが分かる。日本人の頭の中では「先進国＝資本主義国」というイメージが固定化している。しかし実際はこんなものだ。多くの国々では、**資本主義政党と社会主義政党がせめぎあう**ことで、政治的バランスがとられている。

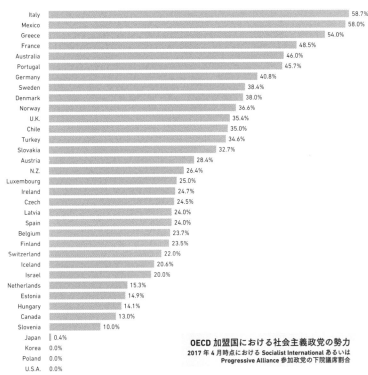

Italy	58.7%
Mexico	58.0%
Greece	54.0%
France	48.5%
Australia	46.0%
Portugal	45.7%
Germany	40.8%
Sweden	38.4%
Denmark	38.0%
Norway	36.6%
U.K.	35.4%
Chile	35.0%
Turkey	34.6%
Slovakia	32.7%
Austria	28.4%
N.Z.	26.4%
Luxembourg	25.0%
Ireland	24.7%
Czech	24.5%
Latvia	24.0%
Spain	24.0%
Belgium	23.7%
Finland	23.5%
Switzerland	22.0%
Iceland	20.6%
Israel	20.0%
Netherlands	15.3%
Estonia	14.9%
Hungary	14.1%
Canada	13.0%
Slovenia	10.0%
Japan	0.4%
Korea	0.0%
Poland	0.0%
U.S.A.	0.0%

OECD 加盟国における社会主義政党の勢力
2017 年 4 月時点における Socialist International あるいは
Progressive Alliance 参加党の下院議席割合

01 価値
02 人権
03 教育
04 労働
05 階級
06 結婚
07 生命
08 秩序
09 刑罰
10 象徴
11 政府
12 国民
13 恐怖

　一方で、OECD加盟国の中で、社会主義政党が5％未満となっているのは、日本、韓国、米国など、ごくわずかだ。しかも、大手世論調査会社ギャラップ社による全米調査によると、アメリカすら、有権者の37％が社会主義を肯定的に見ている。面白いのは、年齢が若くなればなるほど社会主義への支持率が上がっている点だ。アメリカすら、資本主義と社会主義の世論的対立が本格化している。若者ほど、資本主義という世界のあり方に疑問を抱いているんだ。

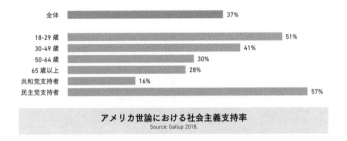

全体　　　　　37%
18-29歳　　　51%
30-49歳　　　41%
50-64歳　　　30%
65歳以上　　　28%
共和党支持者　16%
民主党支持者　57%

アメリカ世論における社会主義支持率
Source: Gallup 2018.

政治的バランスの不在

　一方、いまの日本政治は、資本主義勢力で埋め尽くされている。政治的バランスがほぼ存在しない国なんだ。しかも、日本社会では「社会主義＝ソ連・中国・北朝鮮」という図式が定着している。「社会主義は怖いもの、危険なもの」というイメージだ。さっき言ったような「資本主義政党と社会主義政党のせめぎあい」という先進国の状況が理解されていない。

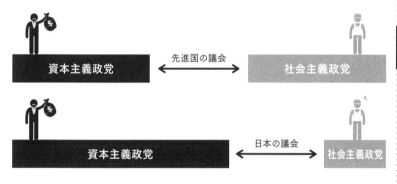

01 価値
02 人権
03 教育
04 労働
05 階級
06 結婚
07 生命
08 秩序
09 刑罰
10 象徴
11 政府
12 国民
13 恐怖

　長時間労働、サビ残、通勤地獄、過労死、過労自殺、報復人事、身分差別、低水準の失業給付、慢性的睡眠不足、休暇の実質的不在、劣悪な最低賃金などに彩られた日本の絶望的な労働環境は、前回講義で説明したとおりだよね。

　こうした状況をもたらしているのは、歴史的側面、文化的側面、精神的側面と色々な要因があるんだけど、やはり「政治の世界が資本主義勢力で埋め尽くされている」という政治的側面が無視できない。さらに、日本社会全体において、社会主義勢力を育てること、社会主義を支持することへの強い拒否感が見られるわけだ。

　ここまで書くと「たしかに資本主義にも問題点はあるだろう。し
かし、別に餓死者が出るほどの深刻なものではない」といった批判
も出てくるはずだ。では、いまの日本には餓死者は存在しないのか
というと、実は毎年、政府が認めているだけでも1000人を超える
「飢えて死に至る」人たちが存在する。

　下図を見てほしい。これは厚生労働省の統計に基づいた日本の
餓死者数だ。この国では、餓死者がいないどころか、年々増えてい
るのが現状だ。念のために言うけど、これはそこらの貧困国の数字
じゃない。先進国を自称している日本の数字だ。

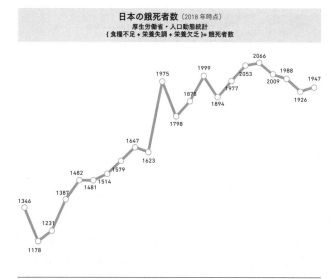

日本の餓死者数（2018年時点）
厚生労働省・人口動態統計
{ 食糧不足 + 栄養失調 + 栄養欠乏 }= 餓死者数

95　96　97　98　99　00　01　02　03　04　05　06　07　08　09　10　11　12　13　14　15　16

　日本という国家が労働者階級の人権をどれだけ軽視しているか。それを知るために注目してほしいのがILO条約だ。国連の下で全世界の労働者のために活動している国際労働機関という組織がある。ILOは、1919年に発足して以来、189ものILO条約というものを作ってきた。労働者の生活環境と労働環境を向上させるためのもの。労働者の「自由の量」を増やして「苦痛の量」を減らすためのものだ。

　しかし、日本政府は、この189の条約のうち、わずか48しか批准していない。これは全体の1/4にすぎない。当たり前だよね。日本の議会は、資本主義勢力によって制圧されている。そんな「資本主義的議会」の下にある政府が、労働者の人権なんてマジメに考えるわけがない。ましてや、国連やILOのような「外野」が作ったルールを簡単に受け入れるわけもない。

　下図「日本が批准拒否している主なILO条約」を見てほしい。これ以外にも、日本政府は、労働時間関係のILO条約をすべて拒否している。これが日本人労働者の置かれた国際的状況だ。

日本が批准拒否している主なILO条約

条約名	内容	拒否理由
母性保護条約	産前産後の経済補償 育児時間への有給	権利保障が手厚すぎる
差別待遇禁止条約	いかなる差別待遇も禁止する	法整備が難しい
年次有給休暇条約	最低3週以上の有給を与える	あまりに多すぎる
教育有給休暇条約	労働者の教育・訓練のための有給	法整備が難しい
パートタイム保護条約	パートタイム労働者の差別是正	我が国の労働文化と食い違う

　21世紀に入ると、日本社会で「ブラック企業」っていう言葉が流行し始めた。定義が曖昧なワードだけど、おおまかに言えば、日本国が法で定めた労働基準に違反する行為を続けている企業のことだ。しかし、国際社会には、ILO条約というれっきとした国際標準の労働基準がある。その意味で、国際社会から見れば、ほとんどの日本企業は、国際的な労働基準に違反しているブラック企業なんだ。

資本主義的不能者

　ここまで、資本主義について批判的な立場で説明してきた。しかし、いくら批判したところで、結局、ボクらはこれからも資本主義世界に生き続けないといけない。だとすると、ボクらは資本主義に対する批判的視点を保つ一方で、資本主義世界でいかに生きるべきかも真剣に考えないといけない。どうすれば、資本主義世界でもっと自由を増やせるのか、もっと人権を享受できるのかってね。

　ここからが重要なんだけど、日本の学校教育では「資本主義の正しさ」が教育宣伝されている一方で「資本主義への参加方法」はほとんど教育されない。この点がますます日本人を不自由への道に向かわせている。

01 価値　02 人権　03 教育　04 労働　05 階級　06 結婚　07 生命　08 秩序　09 刑罰　10 象徴　11 政府　12 国民　13 恐怖

　資本主義の基盤は「人間が自由意思で価値あるものにカネを投じる」行為だ。言い換えれば、資本主義世界とは、絶え間ない無数の投資（investment）と投機（speculation）によって成立している。キミが資本主義に参加するということは、キミが自らの意思で投資と投機という行為に踏み出すことなんだ。

　ここで標準的な定義をしておくと、投資とは「対象物の生む果実を将来的に獲得する」ことだ。一方で、投機とは「対象物の値動きを利用して差額利益を獲得する」ことだ。

　喩えて言えば、投資とは、リンゴの木を買って、果実たるリンゴが実るのを待つこと。何ヶ月か待って果実が期待通りに実れば、その投資活動は成功したことになる。一方、投機とは、リンゴの木を買って、その木の市場価格が高くなったら、木そのものを売ることだ。その差額で利益が出れば、その投機活動は成功だ。

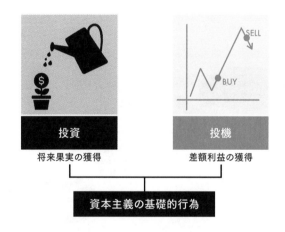

投資	投機
将来果実の獲得	差額利益の獲得

資本主義の基礎的行為

　実際には、投資と投機は極めて深く重なりあう行為であり、容易に融合する行為だ。一般的には、投資と投機を合わせて、広い意味での「投資」と呼ばれることになる。いずれにせよ、重要なのは、投資も投機も、資本主義という仕組みが成立する上で不可欠な行為である点だ。資本主義世界におけるプレイヤーとは、投資家（investor）であり、そして投機家（speculator）なんだ。

　そもそも、ボクらホモサピエンスが自由に生きていくためには、常にカネが必要だ。そして、資本主義世界において、その**カネを獲得する手段**は「労働資本」と「金融資本」に分かれる。

　第1に、**労働資本**とは、自己の労働力のことだ。自己の労働力を売ることでカネを獲得することだね。これは多くの日本人が日常的にやっていることだ。第2に、**金融資本**とは、自己の金融資産のことだ。自己の金融資産を価値あるものに投じて、カネを増やしていくということだね。

　例えば、ボクは大学講義という労働を大学法人に提供することでカネを得ている。しかし、同時に、自分の金融資本を利用して投資や投機を繰り返すことでもカネを得ている。

　例えば、大学の大教室でMacbookやiPhoneを使って講義用スライドを操作しながら、大学生たちを相手に90分講義する。しかし、講義すると同時に、MacbookやiPhoneに映っている金市場や原油市場のチャートを見て、必要があれば、その場でエントリー注文やエグジット注文を出している。慣れてくると、そんなことは簡単だ。要するに、90分間という時間において、ボクは労働資本も金融資本も同時に投入している。**資本主義の模範**のような人間だ。

01 価値／02 人権／03 教育／04 労働／05 階級／06 結婚／07 生命／08 秩序／09 刑罰／10 象徴／11 政府／12 国民／13 恐怖

　ボク自身は単なるアマチュアの個人投資家にすぎない。ボクより熟練していて、安定した投資利益を出し続ける人々は、世界中に無数に存在する。そのように、労働資本のみならず金融資本によってもカネを得られる人々は、それだけ低リスクな人生を保障される。

　一方で、労働資本のみに依存して、労働に全人生を賭ける人々は、失業・病気・怪我1つで、すぐに人生の危機に直面する。カネを獲得する手段が労働だけに限られているからね。それだけ高リスクな人生を押し付けられている。日本人労働者の大半は、資本主義世界の中で、そうした不安定な立場に置かれているんだ。

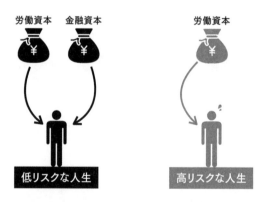

　結局、資本主義世界には「資本主義を支持しながら資本主義を傍観するしかない」という滑稽な労働者たちで満ちあふれている。そういう労働者こそ、資本主義世界の象徴だろうね。政府から「資本主義は素晴らしい仕組みです。でもあなたは参加してはいけません」と教え込まれている「都合のいい労働者」なんだ。

強烈な自助精神

　今回の講義を終えるにあたって、ある統計データを紹介したい。下図は2007年に米国大手シンクタンクが発表した国際世論調査の結果の一部だ。日本にとって衝撃的な内容だった。「**政府は貧困層を救済すべきか**」の問いにCompletely Agreeと回答した日本人はわずか15％にすぎなかった。これは対象国の中でも最悪の数値だ。その一方で、Completely Disagreeと回答した日本人は7％にものぼる。

政府は生活困窮者を救済すべきか (%)

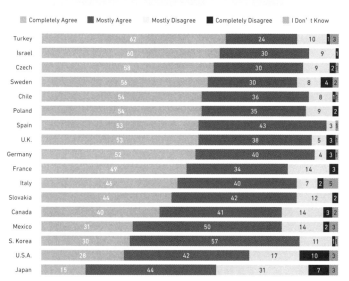

■ Completely Agree　■ Mostly Agree　■ Mostly Disagree　■ Completely Disagree　■ I Don't Know

	Completely Agree	Mostly Agree	Mostly Disagree	Completely Disagree	I Don't Know
Turkey	62	24	10	1	3
Israel	60	30	9		1
Czech	58	30	9	2	1
Sweden	56	30	8	4	2
Chile	54	36	8	1	1
Poland	54	35	9		2
Spain	53	43	3		1
U.K.	53	38	5	3	1
Germany	52	40	4	3	1
France	49	34	14	3	
Italy	46	40	7	2	5
Slovakia	44	42	12	2	
Canada	40	41	14	3	2
Mexico	31	50	14	2	3
S. Korea	30	57	11	1	1
U.S.A.	28	42	17	10	3
Japan	15	44	31	7	3

Source: 2007. The Pew Global Attitudes Project. What the World Thinks in 2007.

01 価値
02 人権
03 教育
04 労働
05 階級
06 結婚
07 生命
08 秩序
09 刑罰
10 象徴
11 政府
12 国民
13 恐怖

　つまり、現実に餓死しそうな人間が目の前にいたとして、この7%は「絶対に救うな。何もしてはいけない。そのまま餓死させるべきだ」と本気で考えているに等しい。もはや一種の宗教だね。失業・病気・怪我・介護などで、自分自身がいついかなるリスクを負うか分からないにもかかわらず、リスクを個人でまるごと抱える世界を肯定している。そんな人間が、この日本社会には結構な割合で存在しているのさ。

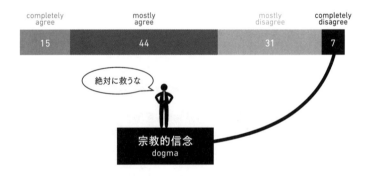

completely agree	mostly agree	mostly disagree	completely disagree
15	44	31	7

絶対に救うな

宗教的信念
dogma

　ここまで読むと、この日本で人生を歩むことが何を意味しているか、自分の人生がいかに特定の政治イデオロギーに影響を受けているか、少しはイメージがついたんじゃないかな。この世界の下で、キミはいかにして自由を獲得するんだろうか。

　本書の最後では、キミが自由を獲得するための具体的選択肢を2つ紹介する。その選択肢を知るまでは、まだ絶望を感じないでほしい。とりあえず希望を持って、この本を読み続けてほしい。ただし、下々の民に無駄な希望を持たせるのは、いつの時代も、権力者たちの常套手段なんだけど。

結婚

概して、女性にとって最大の生計手段は結婚である
そして、望まぬ性交をさせられる総数は、
おそらく売春婦たちよりも妻たちのほうが多い

――バートランド・ラッセル

イケメンか金持ちか

　今回のテーマは結婚（marriage）だ。キミも知っているように、結婚は、教育や労働に匹敵するほど、人間にとって重要なテーマだ。多くのホモサピエンスは、ある程度の年齢に達すると、パートナーを見つけて結婚する。家族というものを作るんだ。例えば、日本では、およそ8割もの人間が最低1度は結婚を経験する。人類にとって、結婚がいかに重要なウェートを占めるかが分かるはずだ。

　そもそも、結婚とは、個人＆個人が結びつくだけの個人的事柄だ。しかし、一方で、結婚はれっきとした政治的制度であり、国家は結婚という仕組みを通して、我々に特定のイデオロギーを押し付けていく。今回の講義では、そのことを解説したい。

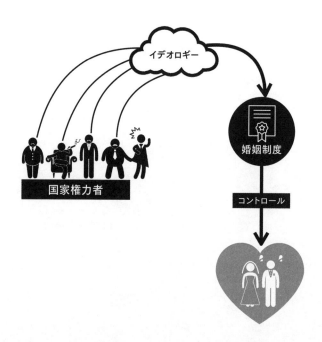

本題に入る前に、下図を見てほしい。ボクは院生・助手時代に女子大で8年間授業を引き受けていた。その際に実施してきたアンケートの内容だ。要するに、仮に結婚したくなった際に「年収400万円の30歳イケメン」と「年収1200万円の30歳ブサメン」の2人しか候補がいなかったとして、いずれで妥協するかっていう質問だね。

Q	仮に結婚を欲したとして 候補者が以下のAとBの2名だった場合 いずれを選択するか

A　　　　　　　　　　**B**

イケメン
性的に受け入れやすい

ブサメン
性的に受け入れにくい

年収400万円
三流企業勤務（30）

年収1200万円
一流企業勤務（30）

そして、その累計結果は下図の通りとなっている。年収400万円のイケメンを選択したのは14%、年収1200万円のブサメンを選択したのは86%だった。この傾向はいずれの年の調査でも変わらない。

14%　　　　　　　　　86%

01 価値
02 人権
03 教育
04 労働
05 階級
06 結婚
07 生命
08 秩序
09 刑罰
10 象徴
11 政府
12 国民
13 恐怖

　このアンケート調査結果を通して言いたいのは、結婚とカネは切っても切れないということだ。10代の女の子が単なるボーイフレンドを求めるならば、イケメンかどうか、性的に受け入れられるか否か（要するに、互いの肌が触れ合うことを許容できるか）で相手を選ぶ傾向が強いだろう。

　しかし、20代に入って、結婚を前提とした相手を探す際には、相手がいくらカネを持っているか、いくらカネを稼げるかが、大きな影響力を持つようになる。この厳然たる事実を念頭に置いた上で、今回の講義に入ろう。

日本における結婚

　日本国憲法24条には、日本における結婚の基本ルールが書いてある。「婚姻は、両性の合意のみに基いて成立し、夫婦が同等の権利を有することを基本として、相互の協力により、維持されなければならない」とね。

　戦前の日本には結婚の不自由が存在していた。両親や親類が勝手に結婚相手を決めたりするケースが後を絶たなかった。そういう過去の反省もあって憲法24条が作られ、戦後日本では結婚の自由が保障された——社会科の授業では、そんなふうに教えられている。

戦前の家制度

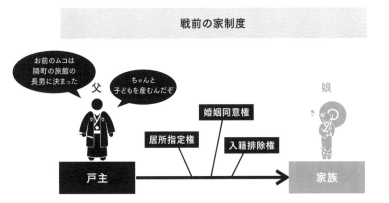

お前のムコは隣町の旅館の長男に決まった

ちゃんと子どもを産むんだぞ

父

娘

婚姻同意権

居所指定権

入籍排除権

戸主

家族

　しかし、後で詳しく述べるんだけど、いくら戦後の憲法が「結婚の自由」を保障したからといって、どんな結婚もOKになるわけじゃない。今の日本においても、政治的意図から、様々な結婚の規制が存在する。それはキミの目から見て同意できるレベルのものだろうか。今回の講義では、それを考えてほしいんだ。

01 価値
02 人権
03 教育
04 労働
05 階級
06 結婚
07 生命
08 秩序
09 刑罰
10 象徴
11 政府
12 国民
13 恐怖

結婚という契約

　日本における結婚とは「男1女1による経済社会上の協力関係を結ぶ法的関係」と定義できる。要するに「結婚は契約」ってことだね。単なる恋人同士の場合は、単なる恋愛関係にすぎない。しかし、その2人が婚姻届を提出することによって法的関係に入る。そして、契約であるがゆえに、婚姻届を提出した時点から、当事者である夫と妻との間には、様々な法的効力が発生するんだ。ここでは、主なものを5点ほど提示しておこう。

婚姻の主な法的効力

山田太郎
山田花子

| 苗字同一 | 同居義務 | 相互扶助義務 | 貞操義務 | 夫婦財産制 |

　第1は苗字統一義務だ。夫婦同姓制度ともいう。日本では、ある男女が結婚する場合、いずれかの苗字を選択して、苗字を統一しなければならない。日本の婚姻届には「夫の氏を選ぶか、妻の氏を選ぶか」を記入するチェックボックスが必ず存在する。そのチェックボックスに記入がない婚姻届は受理されない。

　第2は同居義務だ。夫と妻は、同じ屋根の下で同居しなければならない。別居できるのは、単身赴任などの正当な理由がある場合に限られる。正当な理由もないのに互いに別居している状況が長期間続いている場合、婚姻関係が事実上破綻しているものとみなされ、離婚の正式な原因として、裁判所でも判断されやすい。

　第3は**相互扶助義務**だ。夫婦は互いに生活上の協力義務を負っている。夫の方はリッチな生活をしているのに、妻の方は困窮にあえいでいる、といった事態は許されない。互いに同レベルの生活水準になってないといけない。だから、特に女性は、結婚相手を決める際の条件として、相手の年収や資産を気にする傾向があるんだね。

　第4は**貞操義務**だ。夫婦は互いに性的純潔を保つ義務を負う。もし不倫がバレた場合は、それを理由に離婚を切りだされたり、損害賠償を要求されても文句は言えない。よけいな法的リスクを背負うことなく、自由な性生活を謳歌したい人は、結婚するのを控えた方がいいだろうね。

　第5は**夫婦財産制**だ。結婚関係に入ったカップルは、一定の範囲で夫婦間財産が共有化され、相続関係でも強い影響を及ぼす。離婚した場合も、婚姻中に蓄積した財産を精算して財産分与される。

　このように、結婚とは、単なる自然な恋愛ではなく、政治的に決められた法的ルールだということが分かる。〈個人的事項〉であると同時に、れっきとした〈政治的事項〉でもあるわけだ。そして、問題なのは、日本の結婚制度が、国際比較的に見ると、保守的で窮屈で不自由な政治制度となっている点だ。今回の講義では、日本における「**結婚の不自由**」を説明するために、4つの論争点を紹介したい。

01 価値
02 人権
03 教育
04 労働
05 階級
06 結婚
07 生命
08 秩序
09 刑罰
10 象徴
11 政府
12 国民
13 恐怖

同性婚

　第1は同性婚（same-sex marriage）だ。男と男、女と女の組み合わせによる結婚のことだね。同性婚は、20世紀まではタブー視されてきた。しかし、キミも知っている通り、いまや明確な人権になりつつあり、現在、世界各国で法整備が進んでいる。

　下図を見てほしい。これは2022年時点におけるOECD加盟国における同性婚制度の普及状況だ。これを見れば、一目瞭然だけど、欧米諸国では、いまや同性愛者同士の結婚関係を認めることがほぼ当たり前の政策となりつつある。

同性婚が可能か

国	可否	国	可否
Australia	YES	Japan	NO
Austria	YES	South Korea	NO
Belgium	YES	Latvia	NO
Canada	YES	Lithuania	NO
Chile	YES	Luxembourg	YES
Colombia	YES	Mexico	YES
Costa Rica	YES	Netherlands	YES
Czech Republic	NO	New Zealand	YES
Denmark	YES	Norway	YES
Estonia	NO	Poland	NO
Finland	YES	Portugal	YES
France	YES	Slovakia	NO
Germany	YES	Slovenia	YES
Greece	NO	Spain	YES
Hungary	NO	Sweden	YES
Iceland	YES	Switzerland	YES
Ireland	YES	Turkey	NO
Israel	NO	United Kingdom	YES
Italy	NO	United States	YES

　しかし、日本では、同性婚は法律上認められていない。それどころか、同性婚に関する法案が国会に提出されたことすらない。なぜ日本では同性婚が認められないのか。

第1に、日本国憲法が同性婚を保障していないという点が挙げられる。上で挙げた日本国憲法の結婚条項を読み返してほしい。1つ問題となる箇所があるよね。そう。「両性」という言葉だ。ここには、同性愛者の存在が考慮されていない。つまり、日本国憲法という日本国民の人権を守る最高文書すら「婚姻は異性同士で交わすもの」という固定観念に囚われている。

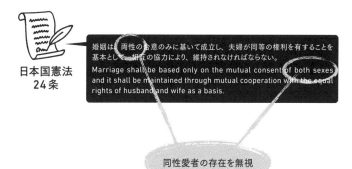

日本国憲法
24条

婚姻は、両性の合意のみに基いて成立し、夫婦が同等の権利を有することを基本として、相互の協力により、維持されなければならない。
Marriage shall be based only on the mutual consent of both sexes and it shall be maintained through mutual cooperation with the equal rights of husband and wife as a basis.

同性愛者の存在を無視

日本国憲法なんて、数十年前に、日本政府のオジサンたちが占領軍と談合して作ったものだから、その当時の古臭いイデオロギーにまみれているんだね。もちろん、これは解釈自体でどうにでもなる。しかし、実際のところ、行政サイドは、この日本国憲法の条文を理由にして、同性同士による婚姻届を拒否し続けているのが実態だ。

第2に、同性愛を法律で認めると、日本の性倫理（sexual ethics）を破壊するおそれがある、という点だ。つまり「1人の男と1人の女が愛しあう」というのが正しい性愛のありかたであり、それ以外は日本の倫理観に反する。そのような反倫理的な行為を法律で認めることは、国民道徳の崩壊、国家秩序の崩壊につながるということだね。

　第3に、日本では「結婚＝家の跡継ぎたる子供を生産する制度」という昔の価値観がいまだ根強い点が挙げられる。結婚が子供を生産するための制度ならば、生物学的に子供を生産できない同性愛カップルが結婚してどうする？　だから、同性婚などわざわざ保障する必要はない、という結論が論理必然的に導き出されるわけだ。

　第4に、人口減少をもたらすという点だ。同性婚を認めると、それをきっかけに、日本に同性愛文化が普及するかもしれない。しかし、同性愛者同士では子供を生産できない。すなわち、同性婚は人口減少の原因となってしまう。これは第3の理由とリンクしているね。どちらも「結婚＝子供を生産する制度」という前提に立った議論となっている。さて、こうした議論をキミはどう考えるかな。

同性婚に対する拒否反応

日本社会の性倫理が
乱れる

結婚は
子を作るための制度

日本文化と
合わない

日本文化と
合わない

マリタルレイプ

　第2の論争点として、日本では**マリタルレイプ**（marital rape）が放置されている問題がある。マリタルレイプというのは聞き慣れない言葉かもしれない。これは「夫婦間におけるレイプや強制猥褻行為」のこと。相手が同意していないのに、無理にセックスしたり、無断で尻や胸を触ってくるといった猥褻な行為に及ぶことだ。

　昔の欧米社会では「夫婦には互いに性交渉に応じる義務がある」と考えられてきた。神に対して、配偶者への永遠の愛を誓った以上、その愛の証であるセックスを拒むことは、**神との契約違反**となる。

　しかし、20世紀に入ると、女性の権利拡張を訴えるフェミニズムという社会運動が盛り上がる。このフェミニストたちの一部が「結婚とは合法的レイプである」と訴えるようになる。つまり、いったん神の前で結婚してしまえば、夫はいつでも妻を性処理の道具として使うことが可能になる。その際に無理強いをしても犯罪に問われることがない。これでは「**レイプの合法化**」となるわけだ。

01
価値

02
人権

03
教育

04
労働

05
階級

06
結婚

07
生命

08
秩序

09
刑罰

10
象徴

11
政府

12
国民

13
恐怖

　こうしたフェミニズム運動の成果もあって、1993年、国連はつ
いにマリタルレイプを人権侵害行為として認める。そして、犯罪と
して取り締まるよう、世界各国に訴えかけたんだ。その結果、多く
の先進国では、マリタルレイプが犯罪として定義され、処罰事例も
年々増大している。下図はOECD加盟国におけるマリタルレイプの
取り扱い状況だ。

マリタルレイプが犯罪化されているか（著者調べ）

Australia	explicitly criminalized	Japan	conditional
Austria	criminalized	South Korea	criminalized
Belgium	criminalized	Latvia	explicitly criminalized
Canada	explicitly criminalized	Lithuania	criminalized
Chile	explicitly criminalized	Luxembourg	explicitly criminalized
Colombia	explicitly criminalized	Mexico	explicitly criminalized
Costa Rica	explicitly criminalized	Netherlands	criminalized
Czech Republic	criminalized	New Zealand	explicitly criminalized
Denmark	criminalized	Norway	criminalized
Estonia	explicitly criminalized	Poland	criminalized
Finland	criminalized	Portugal	explicitly criminalized
France	explicitly criminalized	Slovakia	explicitly criminalized
Germany	criminalized	Slovenia	explicitly criminalized
Greece	explicitly criminalized	Spain	criminalized
Hungary	explicitly criminalized	Sweden	explicitly criminalized
Iceland	explicitly criminalized	Switzerland	criminalized
Ireland	criminalized	Turkey	explicitly criminalized
Israel	criminalized	United Kingdom	criminalized
Italy	explicitly criminalized	United States	criminalized

explicitly criminalized：明示的に犯罪化、criminalized：犯罪化、conditional：厳格な条件付き

　今の時代、夫婦といえども、パートナーの身体を同意なしに性処理の道具として用いることは、法律で禁止されている。実際に、妻が夫をレイプ犯として司法機関に告発するといった事件も起こっている。日本人にとっては信じられない光景だ。

　一方、日本では、マリタルレイプは原則処罰されない。結婚関係が事実上破綻していれば、例外として強姦罪が適用されることがある程度だ。事実上破綻というのは「長期間にわたる別居状態」が確認された場合ということ。結果として、戦後日本で、夫が妻に対する強姦罪で有罪判決を受けた事案はわずか2件に過ぎない。

　言い換えると、日本社会では、男女2人が結婚して同じ屋根の下で暮らしているという事実さえあれば、夫は妻に性交渉を事実上強要できるし、合意もなしに猥褻な行為に及ぶことも許されているんだ。

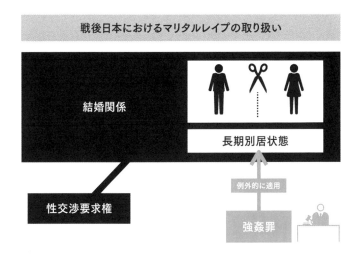

戦後日本におけるマリタルレイプの取り扱い

結婚関係

長期別居状態

性交渉要求権

例外的に適用

強姦罪

01 価値
02 人権
03 教育
04 労働
05 階級
06 結婚
07 生命
08 秩序
09 刑罰
10 象徴
11 政府
12 国民
13 恐怖

　下図は2012年に内閣府が実施した全国世論調査の結果だ。これを見ると、14.1％の妻が「夫から性的行為を強要された経験がある」と答えている。つまり、約14％の女性がマリタルレイプの被害経験を認めている。政府統計によれば、現在、この日本社会には約3100万組の夫婦が存在する。そこから単純計算すると、現在、この日本社会には、推計400万人以上ものマリタルレイプ被害女性が存在することになる。

配偶者から性的行為を強要されたことがあるか
内閣府『男女間における暴力に関する調査報告書』2012年より筆者作成

| ■ Yes | ■ No | ■ No Answer |

| 妻 | 14.1 | 81.2 | 4.7 |
| 夫 | 3.4 | 92.7 | 3.8 |

　日本の政治家は「日本は性犯罪が非常に少ない。それだけ治安が良く、民度も高い証拠である」といったことをよく口にする。しかし、このマリタルレイプの潜在的発生件数を考慮すると、本当に性犯罪が少ないと言えるかどうかは疑問だよね。実際には、夫婦が寝るベッドの上で「無数の性的強要」が起きているんだ。

　つまり、サービス残業と一緒だね。日本社会では、多くの男性が会社でサビ残の被害を受けて泣き寝入りしている。一方、多くの女性が家庭でマリタルレイプの被害を受けて泣き寝入りしている。泣き寝入りをしているだけだから、統計上の犯罪件数としてカウントされていない。ゆえに、表向きは「犯罪件数が少なく、治安が良い国」となっているだけの話だ。

　ただし、こうした夫婦間の合意なき性交渉の問題に関しても「犯罪として取り締まれ」という声は、日本の世論でほとんど聞こえてこない。総選挙で話題になることも皆無だ。

　(1)夫婦間で話し合えばよい問題であり、国家や法が介入する次元のものではない、(2)結婚は家の跡継ぎである子を育てるための制度であり、妻が子をつくる行為たる性交渉を拒むのは矛盾している、(3)妻が夫を強姦罪で訴えるのは日本文化にそぐわない、(4)夫婦間の性交渉を制約するのは人口減少の原因となる、など様々な批判がある。日本において夫婦間の性犯罪が本格的な取り締まりの対象になる時代は当分先の話だろうね。

マリタルレイプ違法化への拒否反応

夫婦間の話し合いで
済む問題

結婚は
子を作るための制度

日本文化と
合わない

人口減少の
原因となる

夫 婦 別 姓

　日本の結婚制度最大の論争点として有名なのが夫婦同姓の問題だ。民法731条に「夫婦は、婚姻の際に定めるところに従い、夫又は妻の氏を称する」とある。これが日本における夫婦同姓ルールだ。

　日本では、結婚する際に、夫と妻のいずれかの苗字を選択しなければならない。しかし、カップルによっては、結婚後も名前を変えたくない人もいるかもしれない。結婚後も、別々の苗字のままにしたい夫婦がいるのならば、それを法的に認めるべきではないか。それが夫婦別姓の議論だ。

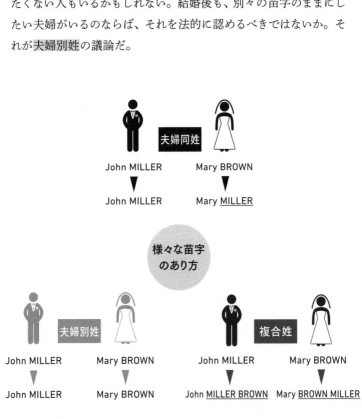

夫婦同姓

John MILLER　　　Mary BROWN
▼　　　　　　　　▼
John MILLER　　　Mary <u>MILLER</u>

様々な苗字
のあり方

夫婦別姓

John MILLER　　　Mary BROWN
▼　　　　　　　　▼
John MILLER　　　Mary BROWN

複合姓

John MILLER　　　Mary BROWN
▼　　　　　　　　▼
John <u>MILLER BROWN</u>　Mary <u>BROWN MILLER</u>

　下図を見てほしい。OECD加盟国のなかで、日本のような完全夫婦同姓ルールを採用している国はゼロ。OECDにかぎらず、世界中を見渡しても、日本と同様のルールを設けている国は見当たらない。

夫婦同姓を法的に完全強制しているか
OECD member states

Australia	NO	Japan	YES
Austria	NO	South Korea	NO
Belgium	NO	Luxembourg	NO
Canada	NO	Mexico	NO
Chile	NO	Netherlands	NO
Czech Republic	NO	New Zealand	NO
Denmark	NO	Norway	NO
Estonia	NO	Poland	NO
Finland	NO	Portugal	NO
France	NO	Slovakia	NO
Germany	NO	Slovenia	NO
Greece	NO	Spain	NO
Hungary	NO	Sweden	NO
Iceland	NO	Switzerland	NO
Ireland	NO	Turkey	NO
Israel	NO	United Kingdom	NO
Italy	NO	United States	NO

　2003年までは、タイ王国でも夫婦同姓ルールが採用されていた。しかし、2003年にタイ最高裁で「そのようなルールは人権侵害である」との判決が下った。それ以来、タイも夫婦同姓ルールを廃止している。それぐらい、日本の夫婦同姓ルールは、国際的に見ると異様そのものなんだ。

01 価値
02 人権
03 教育
04 労働
05 階級
06 結婚
07 生命
08 秩序
09 刑罰
10 象徴
11 政府
12 国民
13 恐怖

　先進国における結婚後の苗字ルールを見ると、日本とは違って、いくつも選択肢を与えている場合が多い。夫婦同姓にしたい場合はそうすればよいし、夫婦各々が旧姓を名乗りたい場合はそうすればいい。複合姓にしたい場合はそうすればよい、という感じだね。

　ただし日本人であっても、夫婦同姓ルールから免れる例外がある。それが国際結婚だ。国際結婚の場合は、相手方の母国のルールに従って結婚後の苗字を決めてもいい特別ルールとなっている。言い換えれば、同じ日本人であっても、日本人と結婚した場合は夫婦同姓が強制され、外国人と結婚する場合は夫婦同姓が強制されない、という不公平な状況になっている。

　そもそも、なぜ日本はここまでして夫婦同姓ルールに固執しているのか。夫婦別姓に反対している人々の意見を聞いてみると、大きく分けて2つのポイントに分かれる。

夫婦別姓への拒否反応

家族秩序が壊される

日本文化が壊される

　第1は家族秩序の維持だ。同じ屋根の下に暮らす家族の苗字が異なると家庭の秩序が崩壊する、という主張だね。確かに、異なる苗字の者同士が同じ屋根の下で暮らすのは、日本人にとって違和感がある。生まれた子供の苗字をどうするかでも、いちいち家庭内で揉め事が起こるかもしれない。

　第2は日本文化の維持だ。家族が同じ苗字で統一されているという古き良き伝統を守るべきという主張だ。確かに、その国の文化を守るというのは、国家の重要な仕事の1つかもしれない。多くの日本国民が「守るべきだ」と考えている文化なら、なおさらだね。

　ただし、夫婦同姓の伝統はたかだか100年程度のものだ。しかも、大衆の間から自然発生的に生み出された文化でもない。夫婦同姓ルールは、当時の明治政府によるゴリ押しで始まったものだ。当時の明治政府は、広く国民に徴兵や徴税の義務を求めていた。そこで、国民を効率よく管理するために導入されたのが家制度だ。あらゆる国民を特定の家に所属させ、家長の支配下に置く。そして、その家の秩序を保つために、家族全員の苗字を統一させたんだ。

　逆に言えば、明治政府がゴリ押しするまでは、日本社会に夫婦同姓の文化はなかった。せいぜい、一部の公家や武家の間で細々と行われていた程度のものに過ぎない。しかし、現代の日本人からすれば、夫婦同姓はあまりに当たり前の文化となっている。「こんなに普及しているのだから、さぞかし古来から続いていたのでは？」と誤解する人も多い。しかし、たかだか100年間、政府のゴリ押しで続いてきた慣行に過ぎないんだ。

　しかも、明治政府がゴリ押ししてきたのは、単なる夫婦同姓文化ではない。もっと正確に言えば夫姓統一文化だ。当時の明治政府が作った民法には、次の文言があった。「戸主及ビ家族ハ其家ノ氏ヲ称スル、妻ハ婚姻ニ因リテ夫ノ家ニ入ル」つまり、妻は夫の家に所属し、夫の苗字を名乗るルールが事実上できあがったんだ。この文言は、戦後の民法改正によって削除された。しかし「妻が夫の家に所属し、夫の苗字を名乗る」慣行はそのまま残ることになる。

　実際、厚生労働省統計によると、日本の全夫婦のうち9割以上が夫の苗字を選択している。これは不思議なことだよね。だって、法律上は「夫の苗字でも妻の苗字でもよい」となっているんだ。ならば、統計確率上は、夫の苗字の選択率と、妻の苗字の選択率は、限りなく50:50になっていなければおかしい。要するに「妻は夫の家に入るべきだ」という明治政府のイデオロギーがいまだに強く根付いているんだ。

日本の婚姻届数における苗字選択率
厚生労働省統計より著者作成

■ 夫の苗字　　■ 妻の苗字

年	夫の苗字	妻の苗字
1975	98.8%	1.2%
1980	98.7%	1.3%
1985	98.5%	1.5%
1990	97.7%	2.3%
1995	97.4%	2.6%
2000	97%	3%
2005	96.3%	3.7%
2010	96.3%	3.7%
2015	96%	4%

結婚可能年齢

　4つめに取り上げたいのが結婚可能年齢（marriageable age）の問題だ。今の世の中では、確かに「結婚する自由」が認められている。ただし、どこの国にも最低限の規制がある。それが年齢制限だ。結婚とは「この人と共同生活を送りたい、人生のパートナーにしたい」という意思によって成立する。そういう意思は、ある程度の成熟した年齢にならないと不可能だ。年齢制限がないと、児童売買の道具として、結婚制度が悪用されることになる。

　この点、日本では「男18歳、女18歳」という結婚可能年齢が法律で決まっている。2022年に男女ともに18歳になったが、それより前は、「男18歳、女16歳」だった。結婚可能年齢を設けること自体は、別に問題ない。ここで問題なのは、結婚可能年齢に男女差があったってことだ。

（編集部注：本節のオリジナル版が執筆されたのは2018年であり、2022年に結婚可能年齢の男女差は解消されました。しかし、近年まで男女差が制度的に存在していたことの重要性から、本節を残しています）

　次のページで示した図は、2022年以前におけるOECD加盟国の結婚可能年齢を表にしたものだ。これを見ても分かるように、日本のように男女差を設けていた国はほとんどない。男女平等という理念に従えば、結婚可能年齢も男女平等にすべきだからね。

01 価値
02 人権
03 教育
04 労働
05 階級
06 結婚
07 生命
08 秩序
09 刑罰
10 象徴
11 政府
12 国民
13 恐怖

婚姻可能年齢に男女差があるか
OECD member states

Australia	No	Japan	Yes	
Austria	No	Luxembourg	No	
Belgium	No	Mexico	Yes	
Canada	No	Netherlands	No	
Chile	No	New Zealand	No	
Czech	No	Norway	No	
Denmark	No	Poland	No	
Estonia	No	Portugal	No	
Finland	No	Slovakia	No	
France	No	Slovenia	No	
Germany	No	South Korea	No	
Greece	No	Spain	No	
Hungary	No	Sweden	No	
Iceland	No	Switzerland	No	
Ireland	No	Turkey	No	
Israel	No	United Kingdom	No	
Italy	No	United States	No	

　日本社会では、この男女差が当たり前のこととして受け止められていた。総選挙のたびに国民的論争が起こることもない。しかし、国際比較的に見れば、かなり異常なことだったんだ。

　そもそも、日本は、なんでこんな男女差をわざわざ設けていたのか。日本政府は、公式見解として「女子の方が成熟が早いから」という理由を提示してきた。キミ自身も、親や教師から、そうした説明を受けたかもしれない。しかし、この「女子の方が成熟が早い」というのは、科学的根拠のある話ではない。単なる俗説だ。

　この男女差に関する言及は古代の大宝律令などでも観察できるけど、本格的な法的ルールとなったのは**明治時代**のことだ。当時の明治政府は、民法で「男17歳、女15歳」という結婚可能年齢を定めた。戦後の民法も、この明治政府の意向を引き継ぎ、年齢を1歳プラスして「男18歳、女16歳」としたんだね。とにかく戦前から、この国の権力者たちは、結婚可能年齢に男女差を付けることにこだわってきたわけだ。それはなぜか。

　この男女差の背景にあるのは**性別役割**（gender role）のイデオロギーだ。つまり「男には男の、女には女の、性別に基づいた特定の役割がある」という価値観だ。

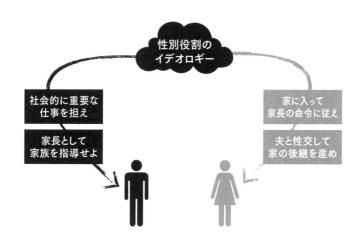

　男は、社会で重要な仕事を担い、一家を養う賃金を獲得するという役割がある。さらに、家の中では、家長として家の構成員たちを指導管理する役割も担っている。そうした重要な役割を担うには、一定の**身体的・精神的成熟**が求められる。それゆえ、結婚可能年齢には一定のハードルを設けるしかないわけだ。

　一方、女は、家の中で、家長の命令に服するだけの従属的身分にすぎない。押しつけられる労働も単純なものばかり。そして、女に求められている最大の役割は、夫とセックスして家の跡継ぎを産むことにある。その意味では、結婚可能年齢は、男よりも低くなっていてもよい。むしろ、出産可能年齢 (childbearing age) になれば、ドンドン結婚させろってわけ。

　こうした性別役割のイデオロギーは、今もなお続いている。下図を見てほしい。家事分担の男女格差に関して、OECD諸国のなかでも日本は最悪水準にあるのが分かるよね。男女平等の世の中なのに、この国では、妻が家事労働のほとんど大部分を背負わされている。性別役割のイデオロギーは過去のものじゃない。21世紀の今もなお、現実として影響を及ぼしているんだ。

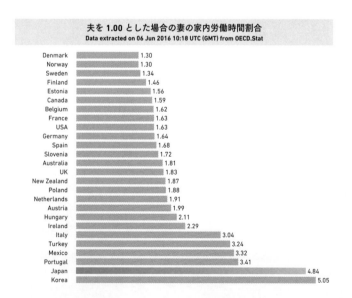

夫を 1.00 とした場合の妻の家内労働時間割合
Data extracted on 06 Jun 2016 10:18 UTC (GMT) from OECD.Stat

Denmark	1.30
Norway	1.30
Sweden	1.34
Finland	1.46
Estonia	1.56
Canada	1.59
Belgium	1.62
France	1.63
USA	1.63
Germany	1.64
Spain	1.68
Slovenia	1.72
Australia	1.81
UK	1.83
New Zealand	1.87
Poland	1.88
Netherlands	1.91
Austria	1.99
Hungary	2.11
Ireland	2.29
Italy	3.04
Turkey	3.24
Mexico	3.32
Portugal	3.41
Japan	4.84
Korea	5.05

結婚の自由化へ

　この結婚可能年齢の男女差が象徴しているように、日本における結婚は、戦前に生まれた家制度（Ie system）の影響を強く受けている。権力者たちの押し付ける特定の価値観、特定のイデオロギーにどっぷりと浸かっている。その浸かり具合が、様々な人権侵害を生み出しているんだ。

　例えば、同性婚排除の背景にあるのは「結婚は家の跡継ぎを産むためのもの」というイデオロギーだ。男と男、女と女では、子供を生産できない。そのようなカップルは、そもそも結婚する意味がないことになる。

　また、マリタルレイプ放置の背景にあるのは「妻には妻の本来的役割がある」というイデオロギーだ。妻の本来的役割——それは、夫とセックスして家の跡継ぎを産むこと。それゆえ、夫とのセックスを拒む妻は、妻の果たすべき役割を自覚していないことになる。

　さらに、夫姓統一文化の背景にあるのは「あらゆる個人は家に支配されるべき」というイデオロギーだ。1人の男の下に、同じ苗字を頂いた妻や子供がいる——そのような家庭像を求める価値観だよ。1つ屋根の下に、バラバラの苗字の者たちが同居すれば、そのような秩序が崩れてしまう。

　そもそも、結婚とは気持ちの悪い仕組みだ。この章の冒頭で言ったように、結婚とは大人同士の契約だ。だとしたら、その契約内容は2人の間の自由意思（free will）で決めればいいだけのはずだ。

　互いに同居義務を課するか、それとも互いに別々の住居を確保したままパートナーとなるか。互いに貞操義務を課するか、互いに別のセックスパートナーを持ってもよいことにするか。互いの苗字はどうするか——。

01 価値
02 人権
03 教育
04 労働
05 階級
06 結婚
07 生命
08 秩序
09 刑罰
10 象徴
11 政府
12 国民
13 恐怖

　そんなことは2人の価値観によって決めればいいだけだ。国家は、その契約が人身売買などに悪用されている場合に限って介入すればいいだけの話なんだ。

　ところが、現在の結婚制度は、契約内容を国家が一方的に押し付けている。しかも、そのゴリ押ししてくる内容は、時の権力者たちが抱いた特定のイデオロギーに染まったもの。2人の意思など関係なく権力者たちの望む価値観にしたがって、2人は人生を歩んでいく。まさに「気持ち悪い」という表現がふさわしい光景だ。

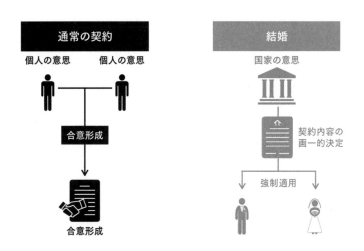

　こうした問題を考える上で、PACS（pacte civil de solidarité）というフランスの制度を紹介したい。1999年に導入された新しいパートナーシップ制度だ。日本語では「民事連帯契約」と翻訳される。異性同士／同性同士を問わず、成人2名が共同生活を送るための契約制度だ。

　従来の結婚制度とよく似ているんだけど、違うのは、契約内容の大部分を2人で自由に決められる点だ。同居義務をどうするか、貞操義務をどうするか、といった内容を自由に選べるんだ。国家が特定のイデオロギーに基づいて、特定の契約内容をゴリ押しするわけではない。もともと、フランスの結婚制度は複雑で面倒な手続きが多いこともあって、PACSが活用されているわけ。

　下図は、フランスの結婚件数（marriage）とPACS登録件数（PACS）の推移を示したものだ。結婚形式を選ぶカップルの数は年々減少している一方で、もっと自由度の高いPACSを選ぶカップルの数は年々上昇している。このまま行けば、近い将来にPACSがフランスにおける主流のパートナー制度となる。そして、21世紀中には、フランスから結婚という概念はなくなるのではないか、とさえ言われているんだ。

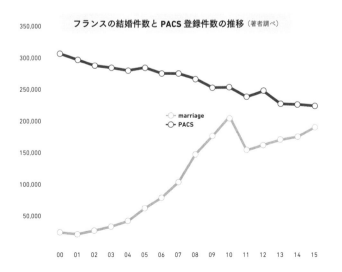

フランスの結婚件数とPACS登録件数の推移 （著者調べ）

二級市民としての日本女性

　ところで、今回の講義を振り返ってほしいんだけど、最初に、女子大におけるアンケート結果を話したよね。「低所得のイケメン」よりも「高所得のブサメン」を結婚相手に選ぶ女子大生が86％にまで達したってね。こうしたアンケートの結果は、別に不思議なことでもなんでもない。繰り返すけど、結婚というのは（少なくとも日本においては）カネと密接に結びついた制度であり、文化なんだ。

　下図を見てほしい。これはOECD加盟国全体における**男女の年収格差**をグラフにしたものだ。男性の平均年収を1.00とした場合に、女性の平均年収がどのくらいの水準となっているかを示している。これを見れば一目瞭然だけど、日本女性は日本男性の半分程度の収入しかない。

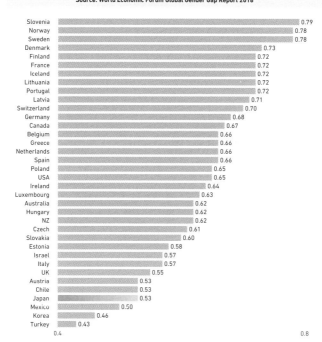

男性を 1.00 とした場合の女性の年収
Source: World Economic Forum Global Gender Gap Report 2018

Slovenia	0.79
Norway	0.78
Sweden	0.78
Denmark	0.73
Finland	0.72
France	0.72
Iceland	0.72
Lithuania	0.72
Portugal	0.72
Latvia	0.71
Switzerland	0.70
Germany	0.68
Canada	0.67
Belgium	0.66
Greece	0.66
Netherlands	0.66
Spain	0.66
Poland	0.65
USA	0.65
Ireland	0.64
Luxembourg	0.63
Australia	0.62
Hungary	0.62
NZ	0.62
Czech	0.61
Slovakia	0.60
Estonia	0.58
Israel	0.57
Italy	0.57
UK	0.55
Austria	0.53
Chile	0.53
Japan	0.53
Mexico	0.50
Korea	0.46
Turkey	0.43

0.4　　　　　　　　　　　　　　0.8

01 価値
02 人権
03 教育
04 労働
05 階級
06 結婚
07 生命
08 秩序
09 刑罰
10 象徴
11 政府
12 国民
13 恐怖

　さらに下図を見てほしい。これは管理職全体における女性労働者の割合を示したものだ。これを見ても、日本女性の割合は極めて低い。要するに、日本の女性は、経済力も弱いし、労働者としての地位も低い。これは国際比較すれば歴然としている。これが日本女性の置かれた立場なんだ。まぎれもない経済的弱者だ。

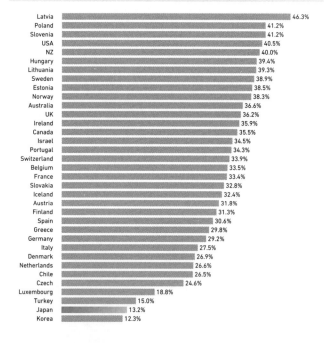

管理職の女性割合
Source: World Economic Forum Global Gender Gap Report 2018

Latvia	46.3%
Poland	41.2%
Slovenia	41.2%
USA	40.5%
NZ	40.0%
Hungary	39.4%
Lithuania	39.3%
Sweden	38.9%
Estonia	38.5%
Norway	38.3%
Australia	36.6%
UK	36.2%
Ireland	35.9%
Canada	35.5%
Israel	34.5%
Portugal	34.3%
Switzerland	33.9%
Belgium	33.5%
France	33.4%
Slovakia	32.8%
Iceland	32.4%
Austria	31.8%
Finland	31.3%
Spain	30.6%
Greece	29.8%
Germany	29.2%
Italy	27.5%
Denmark	26.9%
Netherlands	26.6%
Chile	26.5%
Czech	24.6%
Luxembourg	18.8%
Turkey	15.0%
Japan	13.2%
Korea	12.3%

　ちなみに、下図を見てほしい。これは下院における女性議員の割合を示したグラフだ。この国の男女人口割合は49:51だけど、議会における男女比は90:10となっている。この絶望的数値もまた、日本女性の置かれた状況を露骨に示している。彼女らは、単なる経済的弱者ではなく、**政治的弱者**でもあるということだ。

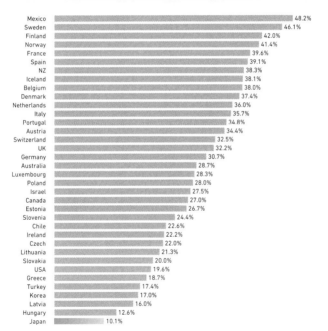

下院における女性議員の割合
Source: World Economic Forum Global Gender Gap Report 2018

Mexico	48.2%
Sweden	46.1%
Finland	42.0%
Norway	41.4%
France	39.6%
Spain	39.1%
NZ	38.3%
Iceland	38.1%
Belgium	38.0%
Denmark	37.4%
Netherlands	36.0%
Italy	35.7%
Portugal	34.8%
Austria	34.4%
Switzerland	32.5%
UK	32.2%
Germany	30.7%
Australia	28.7%
Luxembourg	28.3%
Poland	28.0%
Israel	27.5%
Canada	27.0%
Estonia	26.7%
Slovenia	24.4%
Chile	22.6%
Ireland	22.2%
Czech	22.0%
Lithuania	21.3%
Slovakia	20.0%
USA	19.6%
Greece	18.7%
Turkey	17.4%
Korea	17.0%
Latvia	16.0%
Hungary	12.6%
Japan	10.1%

01 価値
02 人権
03 教育
04 労働
05 階級
06 結婚
07 生命
08 秩序
09 刑罰
10 象徴
11 政府
12 国民
13 恐怖

　結局のところ、日本の平均的女性にとって、結婚とは、男性の経済力に頼って生きるという生計手段（means of livelihood）になっている。結婚して、男に経済的に依存する代わりに、男の家に入り、妻としての役割を果たし、男から要求されるがままに猥褻行為やセックスを受け入れ、男の家の跡継ぎを産むっていう構造なのさ。

　今回の講義に関して、ある女子大生がこんなことを小レポートに書いてきた。「先生、要するに、私たち日本女性は、戦前と変わらず、単なる二級市民に過ぎないんですね」。

「二級市民」とはキツい言葉だけど、確かに日本女性の置かれた立場を上手く表現している。日本国憲法によって、形式上、女性は男性と対等になった。しかし、それはあくまで形式的レベルの話に過ぎない。実質的レベルの話をすれば、日本女性はいまだ「二級」という言葉がふさわしい。こうしてみると、結婚という個人的事項も、特定の政治イデオロギーに支配されていることがよく分かる。いまもむかしも、結婚は政治の一部なんだ。

生命

動物に暴力がふるわれてるのを見たくないなら
見るのを止めるんじゃなくて暴力を止めろよ

——ジョニー・デップ

生存権

　小中高の社会科の時間に「生存権」という言葉を聞いたことがあるはずだ。文字通り、生きる権利 (right to life) のことだね。いったん、この世界に生まれた人間の命はみだりに奪われてはならない。餓死しそうになったり、病気になったら、政府が面倒を見ろ、生命を軽く扱うなということだ。

　しかし、この当たり前の権利に関して、実はいろいろな論争点がある。すべての人間に生存権を認めてしまったらどうなるか。まず、侵略だろうと自衛だろうと、国家は戦闘行為を展開できなくなる。自国民にしても敵国人にしても、ホモサピエンスには違いないからね。さらには、殺人犯だろうと汚職政治家だろうと、国家は犯罪者を処刑できなくなる。犯罪者だってホモサピエンスだからね。

生存権をめぐる論争

戦争	自殺	胎児
処刑	自殺幇助	動物

　国家の役割の1つは、人々の生命を守ることだ。しかし、一方で、救うべき生命とそうでない生命の**線引き**は、政治的かつ日常的に行われている。生命もまたイデオロギーに**翻弄**される存在なんだ。

　そして、この生命という政治的テーマに関して、世界中の大学でホットに議論されている論争点が2つある。それが**胎児**と**動物**の生存権だ。今回の講義では、この2つの具体的論争点を元にして「生命」という政治的テーマについて考えてみよう。

01 価値
02 人権
03 教育
04 労働
05 階級
06 結婚
07 生命
08 秩序
09 刑罰
10 象徴
11 政府
12 国民
13 恐怖

胎児の生存権

　多くの一般人は誤解しているけど、日本では堕胎＝犯罪だ。刑法には、212条から216条にかけて、堕胎に関する罪が列挙されている。日本という国家は「胎児を堕ろすのはいけないこと」というイデオロギーを表向き表明しているんだ。

条文	罪	罰
刑法212条	堕胎	1年以下の懲役
刑法213条	同意堕胎 同意堕胎致死傷	2年以下の懲役 5年以下の懲役
刑法214条	業務上堕胎 業務上堕胎致死傷	5年以下の懲役 7年以下の懲役
刑法215条	不同意堕胎	7年以下の懲役
刑法216条	不同意堕胎致死傷	傷害罪より重い罰

　ただし、キミの周りには、堕胎の経験がある人もいるはずだ。しかし、彼らは犯罪者ではない。日本には、刑法とは別に母体保護法（Maternal Protection Act）という特別な法律があって、例外的事情があれば中絶OKとしている。

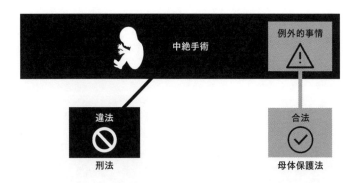

　第1に、出産によって母体に危機が生じる場合は中絶OK。第2に、妊婦が経済的に貧困にあえいでいて育児できない場合も中絶OK。第3に、レイプによって妊娠させられた場合も中絶OK。つまり、日本の中絶は「**原則NG、例外時OK**」となっているんだ。

　ただし、キミの周りには、そうした条件とは関係なしに中絶している人もいるはずだね。単に、**避妊**に失敗したから堕ろすとか、男児がほしいのに女児を妊娠したから堕ろすとか、胎児に**染色体異常**が見つかったから堕ろすとかね。

　それは、母体保護法がゆるやかに解釈されているからだ。例えば、母体に危機があるかどうかは、担当医師の自主的判断に委ねられている。育児ができないほど経済的に苦しい状態か否かも、妊婦の自己申告に委ねられている。

　要するに、母体保護法は「**ザル法**」だ。この国では、売春防止法があっても売春ビジネスは全国各地で展開されているし、労働基準法があっても違法労働は無数に存在している。それと同じだ。

　日本では、年間20万件以上の中絶手術が実施され、日本人女性の16%が中絶経験を有している。下図を見てほしい。これは厚生労働省のデータを元に作成した「**日本の死因**」だ。仮に胎児を人間とみなした場合、中絶は日本社会における第3位の死因となる。

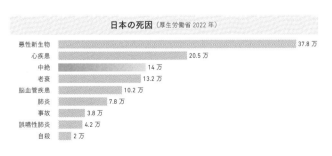

日本の死因（厚生労働省 2022 年）

悪性新生物	37.8 万
心疾患	20.5 万
中絶	14 万
老衰	13.2 万
脳血管疾患	10.2 万
肺炎	7.8 万
事故	3.8 万
誤嚥性肺炎	4.2 万
自殺	2 万

01 価値
02 人権
03 教育
04 労働
05 階級
06 結婚
07 生命
08 秩序
09 刑罰
10 象徴
11 政府
12 国民
13 恐怖

中絶の国際的状況

　次に、国際社会の状況だ。日本の中絶は「原則NG、例外時OK」だった。しかし、下図を見てほしい。OECD加盟国において中絶が合法化されているか否かを示している。多くの先進国では、中絶するかどうかは、妊婦が自由に判断できる。産む産まないという「妊婦の選択権」が人権として尊重されているんだ。

人工妊娠中絶が原則合法化されているか（2018年時点）

Australia	YES	Japan	NO
Austria	YES	Luxembourg	YES
Belgium	YES	Mexico	YES
Canada	YES	Netherlands	YES
Chile	YES	New Zealand	NO
Czech	YES	Norway	YES
Denmark	YES	Poland	NO
Estonia	YES	Portugal	YES
Finland	NO	Slovakia	YES
France	YES	Slovenia	YES
Germany	YES	South Korea	NO
Greece	YES	Spain	YES
Hungary	YES	Sweden	YES
Iceland	YES	Switzerland	YES
Ireland	NO	Turkey	YES
Israel	YES	United Kingdom	NO
Italy	YES	United States	YES

　ただし、先進国には事実上のキリスト教国が多い。そして、キリスト教社会では、中絶は罪だ。例えば、旧約聖書の『創世記』という箇所を読むと「産めよ、増やせよ、地に満ちよ」とある。セックスをして子供を作ることは信徒の責務であり、換言すれば、セックスの目的は出産以外にない。ゆえに、セックスの結果として女性が宿した胎児を殺すことは、キリスト教の教えに反するんだ。

この中絶論争を最もホットに繰り広げている国がアメリカだ。アメリカ社会には、妊婦の選択権を重視する**プロチョイス派**（Pro-choice）と、胎児の生存権を重視する**プロライフ派**（Pro-life）という世論の対立点がある。

プロチョイス	プロライフ
妊婦の選択権	胎児の生存権

　プロチョイス派は、既存のキリスト教的価値観にこだわらないリベラル派に多い。一方、プロライフ派は、そうした宗教上の道徳を重視する保守派に多い。下図は中絶の是非をめぐる**全米世論調査**の推移だ。一昔前まではプロチョイス派が優勢だったけど、近年はプロライフ派が盛り返して拮抗状態となっているのがよく分かる。

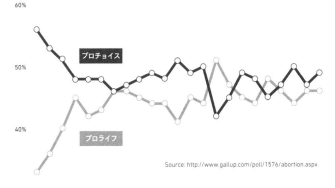

プロチョイス派とプロライフ派の推移

Source: http://www.gallup.com/poll/1576/abortion.aspx

01 価値
02 人権
03 教育
04 労働
05 階級
06 結婚
07 生命
08 秩序
09 刑罰
10 象徴
11 政府
12 国民
13 恐怖

　プロチョイス派とプロライフ派の対立は、思想的・哲学的次元に達しており、政治的に和解不可能とも言われている。特に、両派のあいだで最も激しい論戦となっているのが「ヒトはいつヒトになるのか」という点だ。

　例えば、いま本書を読んでいるキミはヒトのはずだ。では、キミは一体いつヒトになったのか。パパの精子が睾丸の中で生成された時点か。パパの精子とママの卵子がくっついて受精卵となった時点か。その受精卵が細胞分裂して胚となった時点か。脳や神経系が形成された胎児となった時点か。妊婦の体内から露出して嬰児となった時点か。それとも、出生届が役所に提出された時点か。

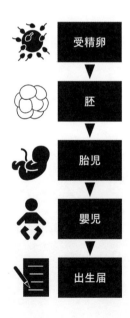

受精卵

胚

胎児

嬰児

出生届

　多くのプロチョイス派は「母体から露出するまではヒトではない」と言っている。一方で、多くのプロライフ派は「受精の瞬間からすでにヒトであり、胚にも人権がある」と言っている。このような問題に科学的正解などあるわけもなく、結局はイデオロギーの問題だ。しかし、なんらかの結論はすみやかに出さないといけない。なにを以てヒトと定義するか、何を以て人権の付与対象とするか、それが予め決まっていなければ、法治社会は機能しない。

　他にも、プロチョイスとプロライフの対立点はある。例えば、プロチョイス派は、強姦妊娠に焦点を当ててきた。胎児の生存権を絶対視すれば、女性がレイプによって妊娠した場合も出産を強要されると。これに対して、プロライフ派の中には、次のような反論をする人もいる。強姦妊娠の責任はレイプ犯が負うべきであって、胎児そのものには責任がない。ゆえに、強姦妊娠であることを理由に、胎児から生存権を剥奪するわけにはいかない、とね。

プロチョイス

生存権を優先させると
強姦妊娠でも出産が強制される

プロライフ

強姦の責任は強姦犯にあり
胎児に責任はない

01 価値
02 人権
03 教育
04 労働
05 階級
06 結婚
07 生命
08 秩序
09 刑罰
10 象徴
11 政府
12 国民
13 恐怖

　また、プロチョイス派は、児童虐待の問題を強調してきた。望まれない子供をムリヤリ産ませたところで、親は育てる意欲に欠ける。ゆえに、その子はマトモな環境で生きられない。それはもはや児童虐待だとね。これに対して、プロライフ派の一部はこう反論する。胎児は脳・神経が発達していて苦痛を感知できる可能性が高い。だとすると、中絶は胎児に激痛を与える行為であり、まさに最悪の虐待だ。中絶こそ最大の児童虐待じゃないかとね。

プロチョイス
望まれない子が産まれても
児童虐待に遭う可能性が高い

プロライフ
中絶手術による胎児虐殺こそ
最大の児童虐待である

　さらに、プロチョイス派は経済格差の問題にも焦点を当ててきた。資本主義世界においては、必然的に経済的格差が生まれる。つまり、貧しく育児不可能な階級が存在する。そういう階級が子供を産んで、どうやって育児をしろというのか。これに対して、プロライフ派は「養子制度を利用すればよい」と主張する。この世の中には、子供が欲しいのに妊娠できないカップルも多数いる。そういう人たちに子供を与えればよい。需要と供給のマッチングだ。

プロチョイス
資本主義世界においては
育児不能な貧困者が存在する

プロライフ
育児不能な貧困者は
子供を養子に出せばよい

　胎児の生存権について、かなり突っ込んだ議論もある。「ほとんどの人間にとって、人生とは苦痛である。人生は、楽しいことより苦しいことの方がはるかに多い。だから、生存権の価値は絶対的ではない。子供はなるべく産むべきではない」という主張だ。古代ギリシャ時代からある「反出生主義（antinatalism）」という思想だ。これに対して、「人生には確かにつらいことも多いけど、楽しいこともたくさんある」と、古代から語り継がれた方法での反論もある。

　本当に、人生は楽しいことより苦しいことのほうが多いのか。99％階級の家に産まれて、やりたくもない労働ばかりやらされて生涯を終えるような子供は、初めから産まないほうが子供自身のためかもしれない。逆に1％階級の家に産まれて、一生にわたって自分のやりたいことばかりやって生きていけるなら、人生の価値は高いかもしれない。

　キミ自身はどうか。大学4年間という「人生最後の夏休み」が終わり、苦痛と不自由に満ちた労働者人生がスタートしてもなお、人生を続けることにメリットはあるのだろうか。

01 価値
02 人権
03 教育
04 労働
05 階級
06 結婚
07 生命
08 秩序
09 刑罰
10 象徴
11 政府
12 国民
13 恐怖

動物の生存権

　ここで次の話題に移って、動物（animal）の生存権を考えてみよう。ここでいう動物とは、哺乳類（mammal）のことだね。犬、猫、豚、牛、イルカ、クジラなどは、生存権を保障する対象とすべきだろうか。こんなことを問いかけると「人権は文字通りヒト（human）の権利だ。動物のことなんかどうでもいい」とキミも言いたくなるはずだ。

　そもそも、人権とは「ヒトは他の生物より高い地位にある生物なので、尊厳ある取り扱いが必要だ」という特権意識に基づいている。ただし、この人権思想が普及し始めた200年前、そのヒトとは白人男性市民のことを意味していた。「白色人種であり、男性であり、教養と財産を豊富に有する者」に限定されていたわけだ。

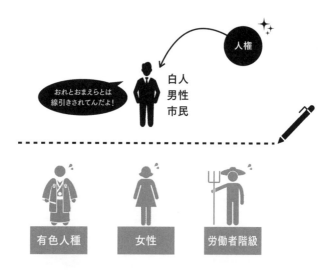

人権

白人
男性
市民

おれとおまえらとは
線引きされてんだよ！

有色人種　　女性　　労働者階級

しかし、その後、**尊厳ある存在**はドンドン拡張していく。20世紀に入ると、まず、労働者階級の地位向上が図られるようになる。女性も、男性と対等な地位にある生物だと表向き認められるようになる。有色人種も、表向きは白色人種と対等な地位にある生物だと認められるようになる。

つまり「人権」とか「尊厳」といったものの対象は**歴史的に拡張している**んだね。そして、こうした拡張の流れのなかで、21世紀に入ると、さらに「尊厳ある存在」は広がっていくわけだ。

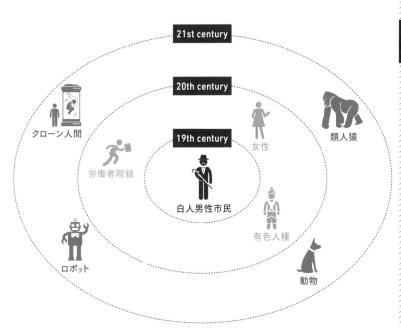

例えば、クローン技術を使えば、ヒトを人工的にコピーしていくことが可能だよね。今は法律によって禁じられているけど、やがて誰かが創りだすのは確実だ。では、誰かが創りだしたクローン人間（cloned human）は、尊厳ある存在として認めるべきだろうか。

さらに、人間と外見の変わらないロボットもできる。彼らは、生身の人間と同じように、笑い、泣き、怒り、痛みを感じる。違うのは、皮膚の中にあるのが金属であるという点だけだ。では、そのような彼らロボットを尊厳ある存在として認めるべきか。

最近の国際社会では、類人猿（ape）の処遇も議論されている。右の図を見てほしい。ボクたちは「ヒト」という言葉をよく使うけど、それはホモサピエンスに限った概念ではない。ヒト科＝大型類人猿（great apes）には、ゴリラ、チンパンジー、オランウータンなども含まれる。言ってしまえば、ゴリラもチンパンジーも、広い意味におけるヒトの一種だ。

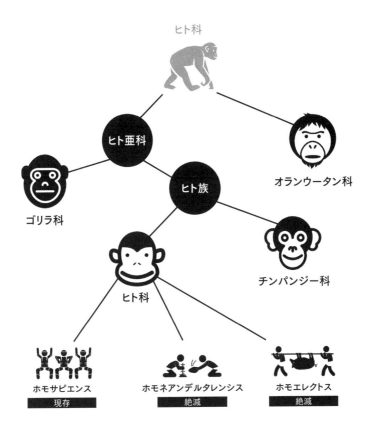

ヒト科

ヒト亜科

ヒト族

オランウータン科

ゴリラ科

チンパンジー科

ヒト科

ホモサピエンス
現存

ホモネアンデルタレンシス
絶滅

ホモエレクトス
絶滅

01 価値
02 人権
03 教育
04 労働
05 階級
06 結婚
07 生命
08 秩序
09 刑罰
10 象徴
11 政府
12 国民
13 恐怖

　ということは、尊厳ある対象を大型類人猿全体に広げて、彼らにも人権を保障すべきではないか。ここまでくると、寛容なキミも「なにをバカなことを」と冷笑するだろう。しかし、100年前に「女性にも男性と同じ権利を」と言えば、同じように冷笑のネタになっていた。「白色人種と黄色人種は同種の生物だ」と言えば、白人社会から激怒の声があがっていた。それと似たようなものだ。

　実際問題、ニュージーランド、オランダ、イギリス、スウェーデン、ドイツ、オーストリアなどでは、大型類人猿の人権が一部認定されている。また、大型類人猿を科学実験に利用することに関しては、下図の通り、多くの先進国ですでに法的に禁止されている。時代はそこまで来ているんだね。

大型類人猿に対する実験行為を禁止しているか（2018年時点）

国	禁止	国	禁止
Australia	NO	Japan	NO
Austria	YES	Luxembourg	YES
Belgium	YES	Mexico	NO
Canada	NO	Netherlands	YES
Chile	NO	New Zealand	YES
Czech	YES	Norway	NO
Denmark	YES	Poland	YES
Estonia	YES	Portugal	YES
Finland	YES	Slovakia	YES
France	YES	Slovenia	YES
Germany	YES	South Korea	NO
Greece	YES	Spain	YES
Hungary	YES	Sweden	YES
Iceland	NO	Switzerland	NO
Ireland	YES	Turkey	NO
Israel	NO	United Kingdom	YES
Italy	YES	United States	NO

　もう一度言うけど「尊厳ある存在」は、歴史が進むにつれて、ドンドン拡張してきた。その拡張運動のおかげで、労働者も女性も有色人種も、少しはマシな扱いを受けるようになった。この拡張運動は21世紀に入っても止まらない。クローン、ロボット、類人猿——彼らの尊厳をめぐって、21世紀はさらに政治論争が加熱していく。そして、こうした流れの中で議論されているのが動物の処遇なんだ。

アニマルライツ

　現段階では、どこの国でも動物はモノの一種だ。彼らには権利など保障されていない。しかし、20世紀後半に入ると、あるイデオロギーが欧米社会で台頭してくる。「動物にも尊厳がある。彼らの基本的権利を保障すべきだ」というイデオロギーだ。それを**アニマルライツ**（animal rights）という。

「類人猿の人権を認める」という話は、あくまでヒトの定義に類人猿も含めるべきか否かという方向性の話だった。ところが、アニマルライツ派は、ヒトかヒトでないかという**線引き**自体をやめてしまおうという考え方なんだ。

　ボクら人類の歴史は、様々な**差別**（discrimination）と闘ってきた歴史だった。第1に、人類は男女で線引きをする**性差別**（sexism）と闘ってきた。現在も性差別は存在するけど、人類全体でそれを乗り越えようとしている。第2に、人類は人種間・民族間で線引きをする**人種差別**（racism）と闘ってきた。現在も人種差別は存在するけど、人類全体でそれを乗り越えようとしている。そして、アニマルライツ派に言わせると、人類は第3の差別とも闘わなければならない。それこそが、ヒトと動物とで線引きをする**種差別**（speciesism）だ。

　多くのアニマルライツ派は、もっと違う基準で線を引くべきだと主張する。その基準は**苦痛**（pain）だ。あらゆる事物を「苦痛を感知する存在」と「苦痛を感知しない存在」とで区別すべきだというんだ。

01 価値
02 人権
03 教育
04 労働
05 階級
06 結婚
07 生命
08 秩序
09 刑罰
10 象徴
11 政府
12 国民
13 恐怖

　苦痛を感知する存在とは、一定の脳と神経系を有している生物のことだ。白人、資本家、労働者、女性、有色人種、児童、囚人、同性愛者、動物などは、みな苦痛を感知する存在だよね。アニマルライツ派に言わせると、そういう存在はみな尊厳ある存在だ。

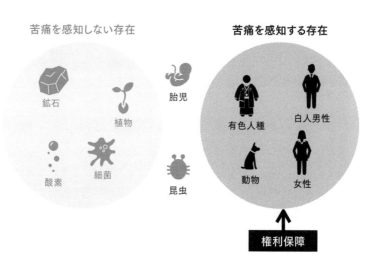

苦痛を感知しない存在

鉱石
植物
酸素
細菌

胎児

昆虫

苦痛を感知する存在

有色人種
白人男性
動物
女性

権利保障

　一方、鉱石、植物、酸素、細菌などは、苦痛を感知しないことが科学的にほぼ証明されているので、権利保障の対象からは外れるわけだ。なお、胎児や昆虫に関しては、一定の脳や神経系の存在が認められるものの、どこまで苦痛を感知しているのか不明なところがある。このあたりの存在をいかに扱うかは緻密な議論が必要だ。

　いずれにせよ、動物（哺乳類）に限って言えば、苦痛を感知する存在であることが科学的に証明されている。ゆえに、彼らの**自由の量**ができる限り大きくなり、**苦痛の量**ができる限り小さくなるよう、国家は政治的な努力をしないといけない。

　具体的には、動物園、イルカショー、食用畜産、毛皮生産、動物虐待、動物実験などは、すべてアニマルライツの理念に反する。ゆえに、各国政府は、法律を整備して、そうしたものをみんな廃止に追い込む必要がある。最終的に、人類は肉食文化から脱して、**ベジタリアン**（動物の肉を食べない）や**ビーガン**（動物の肉はもちろん卵・乳・蜜すら口にしない）の世界に移行しなければならない。

動物園
zoo

イルカショー
dolphinarium

食用畜産
animal husbandry

毛皮生産
fur production

動物虐待
animal abuse

動物実験
animal testing

01 価値
02 人権
03 教育
04 労働
05 階級
06 結婚
07 生命
08 秩序
09 刑罰
10 象徴
11 政府
12 国民
13 恐怖

アニマルウェルフェア

　このアニマルライツは、欧米社会でもまだ急進的な思想とされている。数十年後には当たり前の価値観になるかもしれないけど、今のところは論争的な思想なんだ。一方で、欧米社会には、このアニマルライツより保守的な思想が存在する。それがアニマルウェルフェア（animal welfare）だ。直訳すると動物福祉だね。欧米社会では、動物の処遇をめぐって、ウェルフェア派vsライツ派という思想的対立が存在するんだ。

　ウェルフェア派は、ライツ派とは反対に、ヒトによる動物の搾取を許容している。ヒトは今まで通り、動物園を造ってもいいし、動物実験をしてもよい。人間の食糧とするために、ウシやブタを殺してもかまわない。ただし、そうした搾取は、あくまでヒトの生活にとって必要最小限（requisite minimum）のレベルに抑えるべきだと言うんだ。不必要に動物を殺したり、不必要に動物に苦痛を与える行為はNGとなる。

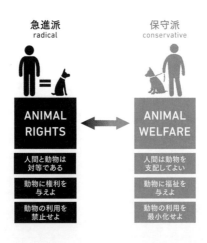

　例えば、ヒトが肉を食べるためにウシやブタを殺すのはOKだ。し
かし、ストレス解消のためにイヌを殴ったり、イタズラ目的でネコ
に火をつける行為はNGとなる。また、食べるためにウシを殺害す
るにせよ、その際の苦痛は最小限に抑えないといけない。特に、現
代では、電気ショックなどによって、可能な限り**即死**（immediate
death）させる必要がある。

　このアニマルウェルフェアの思想は、戦後日本にも輸入されてい
る。それが1973年に制定された**動物愛護法**だ。この法律では、犬、
猫、牛、豚、馬などを「愛護動物」と定義して、みだりに虐待・殺
害した場合の罰則を設けている。
　日本の動物愛護法は、動物の権利を定めたものではない。あくま
で動物を一種のモノとみなした上で、その動物の生存中は**一定の福
祉的環境**に置こうというものだ。国際標準の区分ではアニマルウェ
ルフェアに分類される法律と言える。

01 価値
02 人権
03 教育
04 労働
05 階級
06 結婚
07 生命
08 秩序
09 刑罰
10 象徴
11 政府
12 国民
13 恐怖

殺処分

　アニマルウェルフェアの観点から、日本で問題視されているのが殺処分だ。つまり、不要になった家畜を役所が殺して捨てることだね。日本国内で殺処分されている犬・猫は、公表されているだけで年間平均20万匹。保健所が不要となった犬猫を毒ガスで殺すんだ。

　この国では、ペットは単なる商品だ。ブリーダーが子犬子猫を大量に生産して、それをペットショップに卸す。ペットショップは仕入れてきた子犬子猫に値札を付けて、オリの中に閉じ込めて見世物にする。それをペットオーナーが買っていく。これがペット産業（pet industry）というものだ。

ブリーダーは売り物にならない規格外の子犬子猫を一律大量に捨てるし、ペットショップも売れ残った子犬子猫を大量に捨てる。消費者たるペットオーナーも、最初はマジメに飼っていても、そのうち飽きて捨てる。そうやって人間の手で廃棄されたイヌやネコは、保健所の手で大量処分される

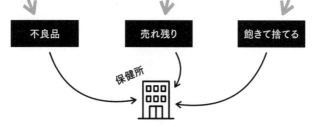

　なんのことはない。この国では、税金を使って、大量虐殺が毎日のように実施されているんだ。そういう事態に対して、なにか**国民的論争**が起こるわけでもないし、総選挙で**国民的争点**として浮上することもない。大半の日本人にとって、動物の命なんてどうでもいいことなんだね。

　基本的に、人権先進国は、同時に**動物福祉大国**である場合が多い。例えば、ヨーロッパ諸国では、ペットの売買は厳格に規制されている。単なる商品として扱ってはならないというルールがある。
　特に動物福祉政策が進んでいる**ドイツ**では、ペットが飼い主と一緒にバスや電車に乗ることができる。飼い主を教育するための学校もある。哺乳類は繊細な生き物だから扱い方が難しい。近づき方、触り方、褒め方、叱り方、みんなちゃんとした方法がある。そういうことを飼い主に訓練させているわけだ。

　そんなドイツでも、何らかの事情で、**野良犬や野良猫**が出てくる。では、そういった動物は、日本と同じように、保健所みたいなところで殺されるのか。答えはもちろんNOだ。
　ドイツ社会には**ティアハイム**という動物保護施設がある。全国各地にだ。飼い主がいなくなったイヌやネコは、このティアハイムに収容されて、専門スタッフたちの手で飼われる。次の飼い主が見つかるまで、野良犬も野良猫も三食昼寝付きの生活が保障されている。ちなみに、ティアハイムは、ドイツ国民からの寄付金によって運営されている。ドイツの人々は、イヌやネコの命を守るためなら喜んでカネを出すんだ。

01 価値
02 人権
03 教育
04 労働
05 階級
06 結婚
07 生命
08 秩序
09 刑罰
10 象徴
11 政府
12 国民
13 恐怖

先進国とは何か

　ところで、ドイツのような国のことを何と呼ぶか知っているかな。それはね、先進国（advanced country）というんだ。先進国とは、社会全体に経済的余裕がある国のことだ。経済的余裕があるから、そこには精神的余裕が生まれる。精神的余裕があるから、人々は、自分や家族のことだけではなくて、自分たちの社会に存在する様々な生物についても思考をはりめぐらせることができる。貧困層、難民、囚人、性的少数派、そして、動物にね。

　一方、日本列島に住んでいる人間たちは、経済的余裕や精神的余裕があるのか。だいたい、日本の歴史を見ると、動物の尊厳や権利について考える思想が社会全体に根付いたことはなかった。動物愛護法にしたって、単に西洋の猿真似で作ってみましたってだけに過ぎない。日本におけるイヌやネコは、文字通り「犬や猫」のように扱われてきた。

　そもそも、この国では、アニマルライツとアニマルウェルフェアという概念的区別すら、ほとんどの人間が理解していない。どちらも「動物愛護」という意味不明な言葉で一緒くたにされている。もちろん総選挙のたびにアニマルライツ派とアニマルウェルフェア派が真剣に議論を交わす光景もない。

　こんな国で生まれて、こんな国で飼われて、こんな国で殺されていくイヌやネコは不運だ。人間も動物も、生きとし生けるものすべてが絶え間ない苦痛に耐えている国。そして、彼らの苦痛について思考をはりめぐらせる余裕がない社会。それが日本列島という地なんだろうね。

秩序

臆病者ほど拷問するのが上手いんだ
臆病者は恐怖というものを理解している
ヤツらは恐怖を利用することに長けている

——マーク・ロレンス

国家は秩序を守る

　この本も後半に入ってきた。本章から2回にわたって、秩序（order）に関する講義に入ろう。国家が抱いている目標の1つは、秩序を維持することだ。言い換えれば、自ら生み出したルールに基づいた世界を作り出すことだ。古代より、国家は、秩序維持のために法律を作り、法律に違反した人間の身柄を拘束し、裁判にかけてきた。ここでは、その一連のプロセスを「司法」と呼ぼう。

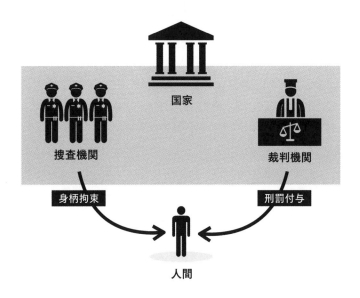

　問題なのは、古代より、その司法のプロセスにおいて、拷問・不正裁判・残虐刑などの問題が常に起こってきたという点だ。やってもいない人間を逮捕する。やっているかどうかも分からない人間に拷問を加える。最初から有罪という結論ありきの裁判が開かれる。皆への見せしめで火刑や磔刑といった残虐な刑罰が科せられる。国家は、古代からそうしたことを繰り返しながら秩序を維持してきた。

拷問

不正裁判

残虐刑

そういった国家の歴史に対する反省をふまえて、現在、国連は、拷問の禁止、残虐刑の禁止、受刑者の人道的処遇、推定無罪の厳守、冤罪補償などを普遍的人権政策として世界各国に要求している。「秩序の名の下になんでもやっていいわけではない」と言っているわけだね。キミも小中高で習ったように、日本国憲法でも、残虐刑や拷問は禁止されている。日本でもやはり「秩序の名の下になんでもやっていいわけではない」というタテマエになっているんだ。

しかし、容疑者や囚人の人権を守るということは、要するに、犯罪者を甘やかすことになる。捜査機関の権限を抑制することにもつながる。警察や検察や裁判官に対して「あれをやるな」「これをやるな」と行動を抑え込めば、社会秩序が弱体化するかもしれない。秩序を守るために、国家はどこまで権限を持つべきなのか。秩序と人権のバランスをどうするのか。これは政治を考える上での最重要のテーマなんだ。

冤罪

　この「秩序」という政治的テーマを考える上で、必ず押さえるべきなのが冤罪（miscarriage of justice）だ。ここでいう冤罪とは、無実の人間が国家組織から犯罪者として処遇されることを指す。警察官も検察官も裁判官も、神ではなく人間なのだから、何回かに一回は、必ずミスをおかすわけだよね。国家が秩序を守るための行動に出ることによって不可避的に生じる損失——それが冤罪だ。

　次のページから、戦後日本で起こった主たる冤罪事件・冤罪疑惑を（ごく一部だけ）紹介する。それらを読んだあとで、改めて秩序というテーマについて考えてみよう。

免田事件

　戦後日本を代表する冤罪が**免田事件**だ。1948年12月、熊本県内の民家で強盗殺人事件が起きる。一家2人が殺されて現金が盗まれた。熊本県警は、捜査の結果、1949年1月に、当時23歳の青年だった免田栄を逮捕した。そして、拷問を加えて「私がやりました」と自白を強要した。

　実は、事件当日、免田栄は別の場所で別の人間と会っていた。しかし、熊本県警は、そのアリバイ証言者に誘導尋問して「免田栄と会ったのは事件の次の日です」という**虚偽の証言**をさせることに成功した。

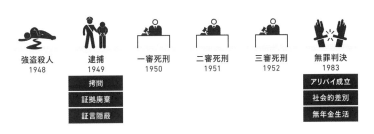

強盗殺人 1948	逮捕 1949	一審死刑 1950	二審死刑 1951	三審死刑 1952	無罪判決 1983
	拷問				アリバイ成立
	証拠廃棄				社会的差別
	証言隠蔽				無年金生活

　このようなずさんな証拠固めで、有罪判決が出るはずがない。しかし、実際は、一審死刑（1950）、二審死刑（1951）、三審死刑（1952）と、裁判所はあっさり死刑を確定させた。

　この裁判では、免田栄が犯行中に着ていたという返り血のついた衣類が物的証拠の1つとなっていた。しかし、弁護団がその返還を求めると、検察側は「衣類は紛失した」と主張する。**証拠隠滅**の疑いが強く、意図的なものであることは明らかだった。免田栄は、このまま国家の手で殺害される寸前までの窮地に陥った。

01 価値
02 人権
03 教育
04 労働
05 階級
06 結婚
07 生命
08 秩序
09 刑罰
10 象徴
11 政府
12 国民
13 恐怖

　しかし、弁護団や人権団体による努力で、絞首刑の執行は延期され続けた。そして、1979年、再審（裁判そのもののやり直し）にこぎつける。ここで免田栄のアリバイが証明され、彼は釈放された。逮捕から無罪判決まで30年以上が費やされ、釈放当時、免田栄は57歳になっていた。国は、30年以上身柄を拘束し続けた代償として、約9000万円の刑事補償金を免田栄に支払っている。

　だが、免田栄の悲劇はまだ続く。無罪放免となり、第二の人生をスタートさせようという直後から「人を殺しておいて補償金を要求するのか」「絶対やってないわけがない」と世間やマスコミから誹謗中傷を受け続けた。帰郷しても、アパートすら貸りられず、求人に応募しても門前払いとなる。

　さらには、30年以上も身柄拘束されていたので、その間は国民年金の保険料を払っていない。ゆえに老後もずっと無年金生活を強いられてきた（2014年からようやく国民年金の支給が始まった）。これが冤罪被害者に対する日本社会の仕打ちだ。

徳島ラジオ商殺人事件

　これも戦後日本を代表する冤罪事件だ。1953年、徳島市内で電器店を営む一家に強盗が入り、店主が殺害された上に現金が盗まれる。しかし、徳島県警と徳島地検は、なかなか犯人を発見できなかった。あせった彼らは、当時、電器店一家に住み込んでいた店員2名（いずれも未成年の少年）を強迫して「奥さんが主人を殺した」とウソの証言をさせる。この証言によって、内縁の妻が殺人罪で逮捕・起訴された。

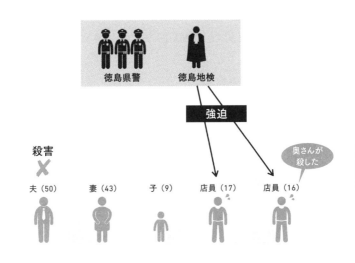

　まさか、このようなデタラメなやり方で、妻が刑務所に送られるはずがない。しかし、実際は、一審懲役13年、二審懲役13年、三審懲役13年となり、有罪が確定する。この裁判の過程で、ウソの証言をした2人が「徳島地検の人たちに脅されて偽証してしまった」と告白するんだけど、裁判所は「その告白自体がウソだ」と言って、そのまま妻を刑務所に送った。

01 価値
02 人権
03 教育
04 労働
05 階級
06 結婚
07 生命
08 秩序
09 刑罰
10 象徴
11 政府
12 国民
13 恐怖

逮捕 1953	一審懲役13年 1956	二審懲役13年 1957	三審懲役13年 1958
仮出所 1966	病死 1979	再審開始 1980	無罪判決 1985

　結局、妻は刑期をつとめあげる。その後も無実を訴えるけど、司法は再審を認めようとしなかった。妻は、世間から「夫殺し」というレッテルを貼られたまま、1979年に69歳で病死した。その後は、彼女の家族や支援者たちが再審運動を続け、1985年に再審の結果やっと無罪判決が下ったんだ。

　最終的に彼女の無罪が確定したことは評価されるべきことだけど、やはりむなしいよね。なぜなら、無罪判決がくだった時、彼女本人はすでに死んでいるのだから。確かに、支援者や弁護団の努力は素晴らしい。しかし、その結果としてもたらされた無罪判決という結果に、どれほどの実質的意味があるのか。むなしさしか残らない。それが徳島ラジオ商殺人事件だ。

袴田事件

1966年、静岡県清水市にて、味噌工場会社の専務一家4人が刃物で惨殺される。静岡県警は、この味噌工場に勤務する袴田巌という元プロボクサーを逮捕し、起訴に持ち込んだ。

袴田巌弁護団によると、取り調べにおいて、20日間にわたる殴る蹴るの拷問があった。また、裁判に入ると、検察側は、新たな証拠物件として、返り血が大量に付いた衣類5点を提出した。しかし、その衣類を袴田被告に着せようとしても、小さすぎて着せることができない。しかも、外着より下着のほうに大量の返り血が付いているという不自然さだ。さらには、その衣類が発見された味噌工場の味噌樽は、初期捜査において、警察が入念に調べていたところだった。

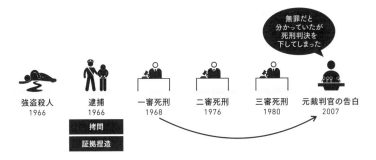

無罪だと分かっていたが死刑判決を下してしまった

強盗殺人 1966　逮捕 1966　一審死刑 1968　二審死刑 1976　三審死刑 1980　元裁判官の告白 2007

拷問
証拠捏造

このような様々な疑問点があるにもかかわらず、裁判では、一審から三審まですべて死刑。袴田巌弁護団は、再審を何回も請求したが、司法サイドはことごとく却下した。ただし、冤罪の可能性が非常に高いため、歴代政権の政治的判断によって、死刑執行は30年以上も延期されてきた。

01 価値
02 人権
03 教育
04 労働
05 階級
06 結婚
07 生命
08 秩序
09 刑罰
10 象徴
11 政府
12 国民
13 恐怖

　さらに、2007年には、この袴田事件の一審を担当した元裁判官が衝撃の告白をする。「袴田巌が無実だということは分かっていたが、死刑判決を下してしまった」と実名を晒して公表した。これによって日本社会は騒然となり「いったい袴田事件とはなんだったのか」という話題が巻き起こる。

　こうした一連の流れを受けて、司法サイドも態度を変える。2014年に「袴田事件の再審を検討する」という旨の発表を出した。それに続いて、袴田被告は48年ぶりに身柄を解放された。この原稿を書いている時点では、袴田事件の再審は決まっていないし、袴田巌も無実だと決まったわけではない。いずれにせよ、この袴田事件は、戦後史上最も有名な冤罪疑惑だ。そして、この事件の実態について、日本の社会科教育では、ほとんど生徒たちに教えていない。

（編集部注：本節執筆は2018年です。2023年3月、袴田被告の再審開始が決定されました）

足利事件

1990年、栃木県内の河川敷で、4歳女児が他殺体で発見された。捜査が進展せずにあせった栃木県警は、単に近所に住む中年の独身男性という理由だけで、バス運転手の菅家利和を逮捕した。菅家利和本人によると、取調室にて殴る蹴るの拷問が連日にわたって繰り返されて、自白を強要された。また、栃木県警は、当時最新の技術だったDNA鑑定を用いて、菅家利和を犯人と断定した。

1993年に一審で無期懲役の判決が出て、二審に持ち込まれた際、弁護側は「警察のDNA鑑定は精度が低すぎる」としてDNAの再鑑定を主張する。しかし、二審の高木俊夫裁判長は「警察のDNA鑑定は信頼できるものであり、再鑑定は不要」とした。この時点でDNA再鑑定を実施していれば、菅家利和の無実は、もう少し早く判明したかもしれない。この二審の裁判長である高木俊夫という人物は、あとでもう一度登場するので、ここで名前だけは覚えておいてほしい。

| 女児変死 1990 | 逮捕 1991 | 一審無期懲役 1993 | 二審無期懲役 1996 | 三審無期懲役 2000 | 無罪判決 2010 |

DNA鑑定 → DNA再鑑定拒否
高木俊夫裁判長

結局、2000年に、最高裁にて無期懲役が確定する。その後、2008年に東京高裁がDNA再鑑定をようやく容認し、菅家利和の無実が判明する。2009年、菅家利和は **17年6ヶ月ぶり**に身柄を解放され、翌2010年に再審にて正式に無罪判決が下された。これが足利事件だ。

東電OL殺人事件

　これは外国人を巻き込んだ冤罪事件だ。1997年、東京都渋谷区内の歓楽街にあるアパートの一室にて、東京電力の従業員女性（39歳）の他殺体が発見される。あとで分かったことだけど、この女性は、ときおり会社の仕事が終わったあと、歓楽街で売春に従事していた。その夜の仕事のために使っていたアパートの一室にて、首を絞められた状態で遺体が見つかった。

　警視庁は2ヶ月にわたる捜査の結果、近隣住民であり、彼女を買ったこともあるネパール人男性（30歳）を逮捕する。しかし、このネパール人が犯人であると断定できるほどの証拠は揃っていない。単に、ネパール人が彼女の客の1人だったこと、現場アパートにネパール人の精液が付いたコンドームがあったこと、完全なアリバイがないことなどが挙げられるだけだった。しかも、現場には第三者の体毛も見つかっている。

　第一審の大渕敏和（おおぶちとしかず）裁判長は「あまりに立証が不十分」として、無罪判決を下す。2000年4月のことだった。ところが、最高裁は、せっかく検察が犯人として起訴したネパール人に対して無罪を言い渡してしまった大渕敏和を左遷する。同年の12月に八王子の裁判所に異動させた。

　さらに最高裁は、一審で無罪判決となったにも関わらず、このネパール人の身柄を解放せずに、監獄に拘束し続けるという特別措置を取る。一審で無罪判決が下ると、原則として身柄が解放されるのがセオリーなんだけど、最高裁は「確かに一審では無罪となったが、やはり疑わしい」という理由で、ネパール人青年の自由を奪い続けたわけだ。

　そして、最高裁は、二審を開始させるにあたって、裁判官の中の裁判官、司法界のエリートを裁判長として抜擢する。それは誰か。そう、分かるよね。足利事件で菅家利和の刑務所送りに貢献した高木俊夫裁判官だった。

　この高木裁判官は、二審の裁判長として「情況証拠だけで立証は十分」として、2000年12月に無期懲役の判決を下す。一審からわずか8ヶ月のスピード判決だった。この二審の結果は三審でもコピーされ、2003年に最高裁でネパール人の有罪判決が確定した。

　そもそも、ここまで問題が長引いたのは、検察による証拠隠蔽が原因だった。事件当時、被害者の乳房に第三者の唾液が付着していた。それはネパール人とはDNAが異なるのはもちろん血液型も別物だった。この「第三者の唾液」という重要証拠を検察は裁判に提出しなかったわけだ。この証拠さえ提出していれば、ネパール人はもっと早い段階で無罪が確定した。少なくとも10年間もの人生時間を失うことはなかったはずだ。

　ちなみに、高木裁判官は、足利事件および東電OL殺人事件と、2回も冤罪事件に関与したのだけど、なんらかの処分対象となるどころか、2007年には天皇から勲章まで授与されている。その理由は「国家公共に対する積年の功労」だ。

01 価値
02 人権
03 教育
04 労働
05 階級
06 結婚
07 生命
08 秩序
09 刑罰
10 象徴
11 政府
12 国民
13 恐怖

志布志事件

　これは鹿児島県で起きた冤罪事件だ。鹿児島県志布志市に曽於郡と呼ばれる地域がある。鹿児島県議会選挙では、この曽於郡から3人の議員が選ばれることになっていた。しかし、毎回、立候補者は地元の有力者3人以外におらず、この3人が無投票で当選していた。

　2003年、この選挙区に新人Aが立候補を表明したため、一転して合計4人で3人枠を争う選挙戦となる。結果として、この新人Aは当選を果たし、毎回無投票で県議会議員のポストを得てきた3人のうち1人が落選した。

　その直後、鹿児島県警が新人Aの支持者13名を選挙法違反容疑で逮捕する。買収目的で缶ビールを配った、新人Aの選挙スタッフから投票の見返りに現金を受け取った、といった内容でね。あとで分かったことだけど、こうした選挙法違反の事実は存在せず、すべてが鹿児島県警による犯罪の捏造だった。

　鹿児島県警は、この13名に目をつけて自白強要作戦を開始する。例えば、ある支持者は、警察に呼ばれると、取調室で家族の名前が書かれた紙を足元に置かれ、それを足で踏みつけるように命令を受けている。ある女性支持者は交番に呼び出されて「私がやりました」と街中に向かって絶叫するように命令を受けている。

　このように意味不明なことが続いた挙句に、この13名は鹿児島地裁に起訴されて裁判となった。しかし、いくら警察・検察とベッタリな裁判所とはいえ、ここまで露骨な犯罪捏造を擁護することもできず、一審で13名全員に無罪判決が下った。これが志布志事件だ。

秩序からの保護

　ここまで戦後日本で起きた主な冤罪事件・冤罪疑惑を見てきた。これはあくまでごく一部であり、この国では、このほかにも大小様々な冤罪が日々発生している。

　要するに、秩序を守るために、日々、大勢の人々が犠牲を強いられている。警察の手によって身体を拘束され、精神的身体的な拷問を受け、はじめから有罪という結論が出ている不正裁判を受けている。これがボクらの享受している秩序の実態だ。

　そもそも、キミの身体はキミの自由だ。国家からも、会社からも、他人からも、自分の意思に反して身柄を拘束されることがあってはならない。そのようなことが簡単に許されてしまえば、恋人と愛し合うことも、政治に参加することも、ビジネスをすることもできない。キミが有している人権のすべてが台無しになり、キミの人生そのものが台無しになる。

　だから、たとえ犯罪の容疑者であっても、その身体の取り扱いは慎重でなくてはならないわけだ。国際人権規約や日本国憲法を見ても、被疑者（suspect）および被告人（defendant）の処遇に関しては、多くの条文を盛り込んでいる。ここで、その主なものを見ておこう。

01
価値

02
人権

03
教育

04
労働

05
階級

06
結婚

07
生命

08
秩序

09
刑罰

10
象徴

11
政府

12
国民

13
恐怖

推定無罪

　第1に、推定無罪（presumption of innocence）というルールがある。つまり、誰しも裁判で正式に有罪と確定されるまでは無実の人間として処遇されるべきということ。これは国際人権規約にも明記されている普遍的ルールの1つだ。警察に逮捕されたり、検察から起訴された段階では、有罪と決まっているわけではない。

　この推定無罪のルールを守るべきなのは裁判官だ。「疑わしきは罰せず（in dubio pro reo）」という有名な言葉があるけど、これは裁判官サイドから見た推定罪ルールを言い表したものと言える。その人物が犯人であるか否かについて疑問の余地がある場合、有罪判決を下してはならない。

　しかし、戦後の様々な冤罪事件を見れば、この「疑わしきは罰せず」がたいして守られていないことは明らかだ。「疑わしきは罰する」という正反対の考え方が裁判の世界で蔓延している。

　また、このルールは、司法関係者だけではなく、民間人も理解すべきものだ。しかし、実際には、この推定無罪のルールがそこまで理解されているとは思えない。マスコミでは、警察に逮捕された者を犯罪者であるかのように報道することがほとんどだ。また、警察から参考人として呼ばれたり、逮捕されたことを理由に、企業が従業員を解雇に追い込むこともある。

　例えば、足利事件では、当初、警察官が菅家利和の勤務先にやってきて色々と聞き込んでいる。この会社は、この聞き込み捜査を理由に、菅家利和を解雇している。結果として、菅家利和は、逮捕されるまで無職の状況だった。日本社会では、推定無罪など事実上守られていないんだ。

令状主義

　第2に、令状主義が挙げられる。捜査機関には、一般人の身体を拘束する権限がある。しかし、この権限が濫用されると、捜査機関がやりたい放題の社会となる。だから、現代国家では、司法府の許可なしには一般人を身柄拘束できないルールとなっている。それが令状主義だ。捜査機関が疑わしい人物を逮捕しようと思ったら、裁判官の発行した逮捕状が必要となる。こうやって、一般人の身体が不必要に拘束されないように、制約をかけているわけだね。

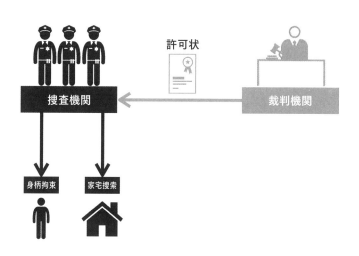

　しかし、この令状主義もうまく機能しているとは言えない。統計を見ると、逮捕状の発行率は98〜99%となっている。つまり、警察が裁判所に逮捕状を請求したら、ほぼ100％に近い確率で逮捕状が発行されているんだ。これでは、一体なんのために令状主義があるのか分からない。

弁護人依頼権

　第3に、弁護人依頼権（right to counsel）がある。捜査機関の手で被疑者や被告人になった者には、弁護人を依頼する権利が発生する。例えば、キミが警察に逮捕されて、検察によって裁判に突き出されたらどうなるか。キミは、警察・検察という巨大なプロ集団を相手にして、裁判で戦わないといけない。日本の場合、裁判官も事実上は警察・検察サイドの人間だから、さらに敵は巨大だ。キミは法律のプロである弁護士に自分の弁護を依頼するしかない。

　ただし、弁護人依頼権というのは、金持ちであればあるほど有利な権利となっている。同じ容疑者でも、資金力がある人間は、高いカネをはらって有能な弁護士を雇うことができる。弁護士とひとくちに言っても、その能力はピンキリなので、それなりの高い報酬を支払わないと、有能な弁護士が弁護してくれないわけだ。

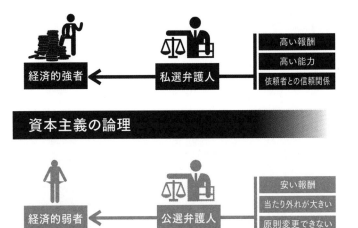

　しかし、一般庶民であればあるほど、高いカネを払う経済的余裕がない。こうした場合は、国から国選弁護人（public counsel）という弁護士が無料で付けられる。この**国選弁護人**は、非常に安い報酬を国からもらうだけで、有能な弁護士もいれば無能な弁護士もいる。どのようなレベルの弁護士に当たるかは運次第だ。しかも、その弁護士がどれだけ無能でやる気がなくても、いったん国選弁護人として付けられた以上、原則として変更することができない。

　要するに、司法という場においても、**資本主義の論理**が厳然として存在する。金持ちであればあるほど高度な弁護サービスが受けられる。貧乏人であればあるほど、受けられる弁護サービスの品質は保証されないわけだ。

01 価値
02 人権
03 教育
04 労働
05 階級
06 結婚
07 生命
08 秩序
09 刑罰
10 象徴
11 政府
12 国民
13 恐怖

自白規制

　第4に、自白（confession）に関するルールがある。国家は、古代より秩序を守るために、特定の国民に対して自白を強要してきた。これを「自白は証拠の女王（Confessio est regina probationum）」という。

　なにか秩序を損ねる犯罪が起こると、適当に「犯人らしき人物」を特定して連行する。その「犯人らしき人物」に強迫や拷問を加えて、やっていようがいまいが「私がやりました」と自白させる。自白という証拠を引き出すんだ。そうすれば、あとは裁判で簡単に有罪判決が下されていく。これが古代より国家が無限に繰り返してきた典型的な秩序回復方法だ。

「自白は証拠の女王」

逮捕　　　　　　　　　拷問　　　　　　　　　自白

　しかし、現代国家では「秩序のためならなんでもやっていいわけではない」という原則の下、古代から続いてきた自白の引き出しに関して、一定の規制が加えられるようになった。日本国憲法でも色々と自白に関するルールを形式上定めている。

　だが実際には、現代の日本でも、拷問は行われている。それは、上述した数々の冤罪事件を見れば一目瞭然だ。また、本当に犯罪者かどうかも分からない容疑者を警察署内の不衛生な留置場に何日間も監禁して、連日のように取調室で「お前がやったんだろ！お前がやったんだろ！」と24時間体制で怒鳴られる。

　これは明白な**精神的拷問**だ。拷問とは、単に身体に苦痛を与えることだけではない。精神的に苦痛を与えることも立派な拷問なんだ。

　国連が1984年に採択した拷問禁止条約（United Nations Convention Against Torture）の第1条では、拷問の定義について「身体的なものであるか精神的なものであるかを問わず人に重い苦痛を故意に与える行為」としている。その意味では、日本の警察署内では、国際標準における拷問が日常的に行われているわけだ。

01
価値

02
人権

03
教育

04
労働

05
階級

06
結婚

07
生命

08
秩序

09
刑罰

10
象徴

11
政府

12
国民

13
恐怖

刑事補償

　第5は刑事補償（criminal indemnity）のルールだ。一般人にとっては聞き慣れない言葉だね。しかし、この刑事補償こそ、今回の「秩序」という政治的テーマを考える上で最重要のキーワードだ。これは「国家から誤って犯罪者として処遇された人物には、必ず金銭的な償いをしなさい」というルールを意味する。

　キミもここまで読めば理解したと思うけど、警察官も検察官も裁判官も、機械ではなくヒトだ。ヒトであるがゆえに、何回かに一回は必ず「犯罪を犯していない人間」の身体を拘束したり、刑務所送りにする事態が発生する。司法がヒトの手によって運営される以上、これは避けることができない。

　そして、冤罪被害者が無実判明後に「第二の人生」をスタートするためには、一定のカネが必要となる。刑事補償は、冤罪被害者の人生を支えるために必ず設置すべきものだ。

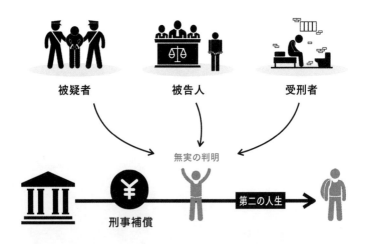

被疑者　　　　　　被告人　　　　　　受刑者

無実の判明

刑事補償　　　　　　第二の人生

　しかし、日本人の中には、こういう意見をいう人もいる。「カネを払っても失われた時間は返ってこない。ゆえに、冤罪被害者にカネを支払うのは無意味である」と。さて、いま本書を読んでいるキミはどう考えるだろうか。

　いずれにせよ、日本国憲法40条には刑事補償が明記されている。その具体額だけど、自由刑と生命刑という2つのパターンに分かれる。

　第1に、身柄拘束（自由刑）の場合、1日あたり最大12500円の計算で本人にカネが支払われる。例えば、足利事件の冤罪被害者は、17年6ヶ月間、身柄を拘束されていた。その代償として支払われた刑事補償金は約7000万円だ。この刑事補償の水準は高いのか、それとも少ないのか。

　第2は、ある人物を国家が処刑した後に「実は無実だった」と判明した場合だ（生命刑）。この場合は、償うべき本人が存在しない。だから、仕方がないので、死んだ本人の相続人を探してきて、その相続人に最大3000万円を支払うことになっている。この額は高いだろうか、それとも少ないだろうか。

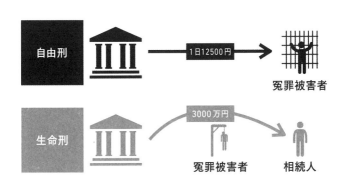

　正解は「意味がない」だ。補償とは、その名の通り、損害を受けた人に償うことだ。無実の判明した本人が第二の人生をスタートさせるためのものだ。本人を処刑してしまっては補償金を支払うことが絶対的に不可能となる。相続人を探しだして、その人に補償金を払ったら、本人が第二の人生を開始できるだろうか。できるわけがない。既に死んでいるのだから。もう一度いうが、無意味なんだ。

　ここで、死刑制度の話が出てきた。次回講義では、この死刑制度に焦点をあわせて、政治にとって最重要のテーマである「秩序」について、もう少し突っ込んだ講義をしたい。そして、秩序維持の実質的責任者である裁判官という存在についても言及してみよう。

LECTURE

09

刑罰

PUNISHMENT

連中はオレたちを埋めようとした
しかし連中は知らなかった
オレたちが種だということを

──ディノス・クリスティアノポロス

裁判官という国家権力

　前回から、政治にとって最重要のテーマである秩序（order）について講義している。今回の講義は、国家が秩序を守るために人間に科している刑罰（punishment）を取り扱う。特に、古代より最もポピュラーな刑罰である死刑（capital punishment）に最終的な焦点を合わせたい。

　ただ、その前に、国家を代表してヒトに刑罰を科して、国家秩序の維持を担っている裁判官（judge）という存在について見てみよう。日本における裁判官の大部分は、司法試験に合格して、司法修習を終えた後、若くして裁判官として採用される。

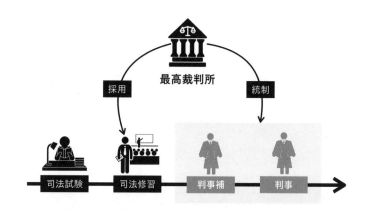

　まず、最高裁判所（Supreme Court of Japan）が司法修習生の中から「適正」と思われる人材をピックアップして人事採用する。いったん採用されると、10年の任期で裁判官として勤務する。その後、10年ごとに任期満了→再任→任期満了→再任という形で、事実上の終身雇用の公務員として人生を送っていくんだ。

　日本全国には、数多くの裁判所がある。支部や出張所を含めると数百に及ぶ。日本という国家の秩序を守る最末端のファクターだ。職業裁判官は、全国各地の裁判所を転々とする人生を送る。いわゆる地方ドサ回りだね。サラリーマンと大差がない。

　3000人以上の裁判官のうち、高等裁判所や最高裁判所といった職場に勤務できるのは一握りだ。彼らは出世ポストをめぐって常に競い合っている。彼らの人事権を握っているのは最高裁判所。最高裁のお偉いさんたちやその側近たちが、全国3000名の裁判官の人生を決定していることになる。

　裁判官は、最高裁の意向に従って全国各地を転々とし、徐々に出世階段を登っていく。一方、最高裁の幹部たちに嫌われた裁判官は、任期満了しても再任拒否されてクビになったり、再任されても地方僻地で飼い殺しの目に遭う。例えば、東電OL殺人事件の第一審でネパール人被告に無罪判決を下した裁判長が同年に左遷されたことは、前回講義でも説明した通りだ。

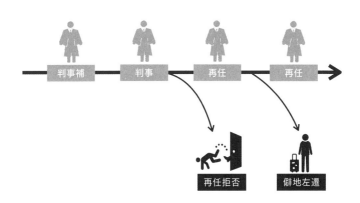

裁判官の独立は存在しない

結局、裁判官というのは、そこらのサラリーマンと変わらない社畜の集まりだ。サラリーマンを解雇するには、それなりの正当化理由を会社側が表向き用意する必要がある。しかし、裁判官をクビにする場合は、特に理由を公表する必要もない。その意味では、そこらのサラリーマンよりも社畜度は高い。

世間の人々は「裁判官＝聖人君子」といった錯覚を持ちやすい。しかし、裁判官もしょせんは単なるヒトだ。名誉欲も出世欲も金欲も性欲もある。最高裁のお偉方に引き抜かれて、東京高裁や最高裁といった東京の華やかな職場でチヤホヤされたい。退官後は、華やかな経歴を生かして、大企業の監査役あたりに天下りして高額な報酬をもらいたい。だから、裁判官は、常にお偉方の意向を意識し、お偉方の人事評価を気にしながら判決を下しているわけだ。

では、上層部はいかなる基準で裁判官を人事評価しているか。これも最高裁は具体的基準を公表していない。ただし、裁判官は事務系公務員である以上、効率的な事務処理能力が求められる。また、裁判官は司法系公務員である以上、国家秩序への貢献も求められる。

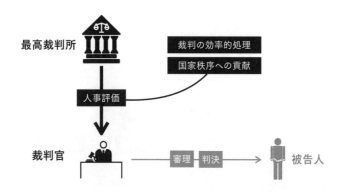

では、裁判官が「裁判の効率的処理」「国家秩序への貢献」を果たすにはどうすべきか。簡単だ。警察や検察の言っていることを丸呑みして、すみやかに有罪判決を下せばいい。免田栄や袴田巖や菅家利和が「私はやっていません」と叫んでも、そんな訴えをイチイチ真剣に聞いて調査し直すのは非効率的だ。そもそも、そんなことを本気でやり始めて、警察や検察に恥をかかせる事態になれば、上層部からどのような目に遭わされるか分からない。

キミは小中高の社会科教育で**裁判官の独立**（independence of judges）という言葉を習ったはずだ。憲法76条には「すべて裁判官は、その良心に従ひ独立してその職権を行ひ、この憲法及び法律にのみ拘束される」と書いてある。この条文を鵜呑みにして、裁判官がいつも中立公正な立場から判決を下していると思い込んでいる人々も多い。

しかし、ハッキリ言えば、この国に「裁判官の独立」など存在しない。裁判官が良心とやらに従って判決を下すなど、どこの**ファンタジー**の世界だろう。職業裁判官は、上層部の意向によって解雇される危険を常に背負っている。上層部から目をつけられて僻地ドサ回り人生を送るリスクを常に抱えている。裁判官は、上層部の意向に沿う方向性で、判決を迅速に下す責務を課されている。それが裁判官という職業だ。

01 価値
02 人権
03 教育
04 労働
05 階級
06 結婚
07 生命
08 秩序
09 刑罰
10 象徴
11 政府
12 国民
13 恐怖

最高裁判所

　では、こうした裁判官たちをコントロールしている最高裁判所とは、どういうところだろう。キミも社会科の時間に習ったように、最高裁は長官1名と判事14名、合計15名の裁判官によって構成される。

　さらに、この15名の下に、日々の実務をこなす部署として最高裁事務総局（General Secretariat of the Supreme Court）がある。スタッフ700名を超す巨大組織だ。この事務総局が全国の裁判所・裁判官に対する実務レベルの支配権を握っている。

　いずれにせよ、最高裁の頂点に立つのは15名の裁判官だ。では、この15名はどうやって人選されているのか。実は、これが全くの密室談合だ。下々の民には、どのような基準で最高裁の裁判官が選ばれているのか分からない。最高裁も「今回はこのような基準でこの人に決まりました」といった人選理由を発表したことはない。そもそも、人選理由を国民に説明する法的責任もない。

　結局は、最高裁や各業界の人々が密室談合をして、政府から了承を得そうな無難な人物を選ぶわけだ。憲法上、最高裁裁判官の人事権は、最終的に内閣が握っているわけだからね。最高裁裁判官15名というのは、政府の了承を得そうな無難な人物を各業界からチョイスしたものに過ぎない。

　先進国の最高裁判所と比較しても、日本の最高裁は、政府与党が作った法律に対して違憲審査権（constitutional review）を発動することがほとんどない。この70年の歴史の中で、違憲審査権を発動して、国家の法律に違憲判決を下したのは、わずか8件。憲法の番人ではなく、政府の番人となっているのが最高裁だ。その最高裁の人事統制の下、全国3000人の職業裁判官が社畜として勤労に励んでいる。それが日本の司法というところだ。

01 価値
02 人権
03 教育
04 労働
05 階級
06 結婚
07 生命
08 秩序
09 刑罰
10 象徴
11 政府
12 国民
13 恐怖

刑事裁判の実態

　こうした状況ゆえ、日本では、検察サイドの意向に沿っただけの 不公正裁判（unfair trials）が横行しているのが刑事裁判の実態だ。例えば、刑事裁判の有罪率は99.9％であり、欧米諸国の60-80％と比較しても異常だ。日本では、検察が「お前は有罪」と判断した時点で、事実上有罪が確定する。検察が「こいつが疑わしいです」と法廷に突き出せば、速やかに有罪判決を下して終わる。まさに「推定有罪国家」だ。

　キミは、小中高の社会科教育で、三審制という言葉を習ったはずだ。つまり、合計3回まで裁判を繰り返すことができるということ。しかし、前回講義で示した様々な事件をみても分かるように、この国の三審制は大した機能を果たしていない。一審で有罪判決が下れば、二審も三審もコピーしたように同じ判決で終わる。一審と二審で判決が変わるのは、よほどの例外的ケースのみだ。そういう意味で、日本の三審制は、事実上の「一審制」か「二審制」だ。

　さらに、キミは「再審」という言葉も習ったはずだ。三審制の下に有罪判決が確定したが、それに納得がいかない場合は、裁判所にお願いをして、最初から審理をやり直すというもの。ここまで念入りに裁判のやり直しを保障しているのだから、誤った判決など起こりようがないということだ。しかし、実際は、この国の裁判所にどれだけお願いをしても、再審を認める可能性はほとんどない。

　裁判所からすれば、一度有罪判決を下したのに、その審理をやり直すというのは、**自分たちの誤りを下々の民に対して認めてしまう**ことになる。自分たちの権威やメンツが損なわれる。メンツがかかっている以上、そんなことを認めるわけもない。

　袴田事件クラスの冤罪疑惑すら、釈放されるのに40年以上も経過している。そもそも、40年も牢獄に身柄拘束されてやっと再審となって無罪判決が下ったところで、その人間の「第二の人生」など微々たる期間しか残っていない。これが日本の司法だ。人間の尊厳よりも、**組織のメンツ**が優先されるわけだね。

自白強要国家

　裁判官の腐敗だけではない。そもそも、日本という国では、犯罪をやっていようといまいと「私がやりました」と自白させられてしまう環境が存在する。これは前回講義でいくつも見た冤罪リストを見れば明らかだね。まず、刑事取り調べでは、尋問も「取調室」という完全密室の中で行われている。その密室のなかで何が行われているのかは、なかなか一般国民には分からない。

　また、弁護人との接見も、捜査機関サイドの都合によって制限を加えることが可能だ。「捜査上の必要があるから」と言えば、弁護士とキミとが話し合える日時や場所を決められる。例えば、袴田事件において、袴田巌は20日間以上にわたって警察署内に身柄拘束されていた。しかし、その期間中、弁護士と接見できた時間は1時間にも満たなかった。事実上、容疑者は監獄の中で孤立状態に追い込まれるわけだ。

　この国の司法の仕組みは、なにからなにまで自白強要が簡単にできるように組み立てられている。いったん国から目をつけられて身柄を拘束されたら、やっていようがいまいが「私がやりました」と言わざるを得ない環境が構築されているということだ。

　こうした前近代的な司法制度は、国際社会では「非難の的」を超えて「嘲笑の的」だ。2013年5月、国連拷問禁止委員会の対日審査会が開かれた。そこで「日本の司法制度は中世レベルである」という批判が提起される。これに対して、日本政府代表のオジサンは「日本は世界的な人権先進国である！」と反論した。これに会場から嘲笑の声が起こり、日本政府代表のオジサンは「笑うな！黙れ！」と国際会議の場で激昂した。これをシャラップ事件という。

「日本は人権を尊重する国」と小中高で教えられてきた日本人には、この嘲笑の意味が理解できない。しかし、このシャラップ事件に象徴されるように、国際社会から見た日本は「アジアによくある未開の人権後進国」の1つに過ぎないんだ。

01
価値

02
人権

03
教育

04
労働

05
階級

06
結婚

07
生命

08
秩序

09
刑罰

10
象徴

11
政府

12
国民

13
恐怖

死刑制度

　日本に限らず、古代より、国家というものは、秩序を守るという名目の下に、人間を尊厳なき状況に追い込んできた。人間にとって秩序こそ最大の敵だったと言える。

　しかし、いわゆる先進国は、もはや「秩序のためなら何でもやっていい」という考え方を否定しつつある。ここで、その「秩序のためなら何でもやっていい」という古代より続いた伝統的な考え方を象徴するものとして「死刑制度」に焦点を当ててみよう。

　日本では、ほとんどの場合、死刑の対象となる犯罪は殺人だ。裁判官の手によって殺人犯として死刑が確定されると、監獄に身柄拘束されて死刑執行日を待つことになる。実際に、死刑を執行するか否かは、法務大臣という政治家の判断に委ねられる。法務大臣が死刑執行命令書を作成すると、5日以内に刑務官という公務員の手によって死刑が実際に執行される。

　ただし、法務大臣の政治的判断によって、死刑執行が長期にわたって延期されることも多い。特に、冤罪可能性の高い死刑囚は、政治的責任を回避するため、自然死するまで独房で飼い殺しにされることが多い。

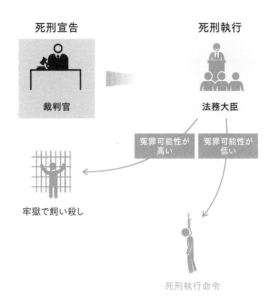

01 価値
02 人権
03 教育
04 労働
05 階級
06 結婚
07 生命
08 秩序
09 刑罰
10 象徴
11 政府
12 国民
13 恐怖

　例えば、前回講義で見た袴田巖死刑囚は、1980年に死刑が確定してから、30年以上も死刑が執行されずに、監獄で飼い殺しの状態にあった。袴田巖が冤罪であることは、多くの政治家も確信していた。だから「無実の人間を殺す命令を下した政治家」という責任を負いたくないために、歴代の法務大臣が死刑執行命令書へのサインを拒否してきたわけさ。

　ちなみに、戦後日本では、死刑がすでに執行された事案（国家がすでに一人の人間を犯罪者として殺害している事案）については、1件たりとも再捜査は行われていない。そんなことをして冤罪だと判明したら、国家の信頼が地に堕ちてしまう。この国では、どこまでも権力者たちが責任を取ったり、メンツを失うことがない「無責任の体制」が構築されているんだ。

死刑廃止の世界的潮流

　このように、日本では「秩序のためなら何でもやっていい」という仕組みが存在する。しかも、どの世論調査を見ても、約80%の国民が死刑制度に賛成している。日本という国において、死刑は、制度としても文化としても根付いている。

　しかし、国際社会に目を向けると、状況は違ってくる。世界では、もはや「秩序のためなら何でもやっていい」という考え方は肯定されていない。先進国では、20世紀を通して死刑廃止の流れが続いてきたが、1989年には、国連が国際人権規約に死刑廃止議定書を追加した。現代では、死刑はすでに公式な人権侵害行為となっている。

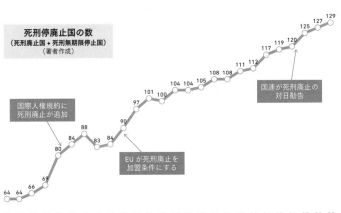

死刑停廃止国の数
（死刑廃止国 + 死刑無期限停止国）
（著者作成）

国際人権規約に
死刑廃止が追加

EU が死刑廃止を
加盟条件にする

国連が死刑廃止の
対日勧告

64 64 66 69 80 84 88 83 84 90 97 101 100 104 104 105 108 108 111 112 117 119 120 125 127 129

84 85 86 87 88 89 90 91 92 93 94 95 96 97 98 99 00 01 02 03 04 05 06 07 08 09

　上記のグラフを見れば分かるように、この数十年、世界各国が次々と死刑廃止もしくは死刑無期限停止を決定している。2017年時点の統計では、世界各国の約80%が死刑を停廃止している。

　下図も見てほしい。いまや死刑実施国は中国を筆頭とする人権後進地域ばかりとなっているのが実情だ。ちなみに、2008年、国連は日本政府に対して「早急な死刑廃止」を勧告しているが、日本側は「国民世論を説得できない」として、これを拒絶している。

国・地域別死刑執行数の順位と主たる殺害方法 (total of 2007-2018)
Source: Cornell University Center on the Death Penalty Worldwide

順位		国	執行数	主たる殺害方法	地域
1		中国	30000+	薬殺　銃殺	アジア
2		イラン	4631+	絞首　銃殺	アジア
3		サウジアラビア	1124	斬首　石打	アジア
4		イラク	930+	絞首　銃殺　石打	アジア
5		パキスタン	665+	絞首	アジア
6		ベトナム	583+	薬殺　銃殺	アジア
7		アメリカ	433	薬殺　銃殺	北アメリカ
8		北朝鮮	254+	絞首　銃殺	アジア
9		イエメン	229+	銃殺　石打	アジア
10		エジプト	171+	絞首	アフリカ
11		ソマリア	149+	銃殺	アフリカ
12		スーダン	119+	絞首　石打	アフリカ
13		日本	76	絞首	アジア
14		アフガニスタン	71	絞首　銃殺	アジア
15		バングラデシュ	53	絞首　銃殺	アジア

01 価値
02 人権
03 教育
04 労働
05 階級
06 結婚
07 生命
08 秩序
09 刑罰
10 象徴
11 政府
12 国民
13 恐怖

　下図はOECDにおける死刑状況だ。青は実施国であり、グレーは
停廃止国として表示した。このように、先進国の中で死刑をいまだ
に実施している国は、日本とアメリカの一部州のみとなっている。
そのアメリカも、近年は22州（およびワシントンD.C.とプエルトリコ自治区）が
死刑廃止に踏み切っている。日本がいかに「例外的な国」であるか
が理解できると思う。

死刑が停廃止されているか（2018年当時）
OECD member states

Australia	YES	Japan	NO
Austria	YES	Luxembourg	YES
Belgium	YES	Mexico	YES
Canada	YES	Netherlands	YES
Chile	YES	New Zealand	YES
Czech	YES	Norway	YES
Denmark	YES	Poland	YES
Estonia	YES	Portugal	YES
Finland	YES	Slovakia	YES
France	YES	Slovenia	YES
Germany	YES	South Korea	YES
Greece	YES	Spain	YES
Hungary	YES	Sweden	YES
Iceland	YES	Switzerland	YES
Ireland	YES	Turkey	YES
Israel	YES	United Kingdom	YES
Italy	YES	United States	22 vs 28

アメリカ合衆国の死刑廃止地域（廃止年順）

Michigan 1847	Wisconsin 1853	Maine 1887	Minnesota 1911	Puerto Rico 1929	Alaska 1957	Hawaii 1957	Iowa 1965
West Virginia 1965	Vermont 1972	North Dakota 1973	D.C. 1981	Massachusetts 1984	Rhode Island 1984	New Jersey 2007	New York 2007
New Mexico 2009	Illinois 2011	Connecticut 2012	Maryland 2013	Delaware 2016	Washington 2018	N.Hampshire 2019	Colorado 2020

　アメリカの状況については、興味深い統計結果がある。下図は、死刑廃止州と死刑存置州とで殺人発生率を比べたものだ。ボクらは昔から「死刑があるから犯罪が抑止されて、秩序が保たれている」と思い込んできた。アメリカでも、昔からそういう思い込みが死刑制度を支えてきた。ところが、実際には、死刑存置州より死刑廃止州の方が殺人発生率が低下している事実が判明している。

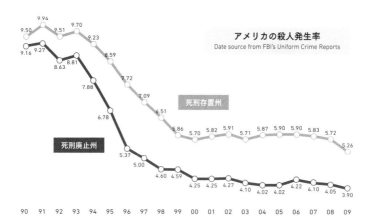

アメリカの殺人発生率
Date source from FBI's Uniform Crime Reports

死刑存置州

死刑廃止州

9.50　9.94　9.51　9.70　9.23　8.59　7.72　7.09　6.51　5.86　5.70　5.82　5.91　5.71　5.87　5.90　5.90　5.83　5.72　5.26

9.16　9.27　8.63　8.81　7.88　6.78　5.37　5.00　4.60　4.59　4.25　4.25　4.27　4.10　4.02　4.02　4.22　4.10　4.05　3.90

90　91　92　93　94　95　96　97　98　99　00　01　02　03　04　05　06　07　08　09

　もちろん、この統計結果から「死刑制度を廃止したから殺人発生率が低下した」という単純な図式に飛びつくべきではない。このファクトから読み取れるのは、もっと複合的なものだ。死刑廃止に踏み切る州には、過酷な刑罰をあえて置かずとも、凶悪犯罪を抑止できる経済的社会的文化的な基盤があるものとも推定できる。

　ちなみに下図を見てほしい。これは、アメリカの世論調査会社ギャラップ社の統計に基づいて、全米50州＋D.C.を「保守的な州」と「リベラルな州」に分類したものだ。右になるほど「保守的な住民が多い州」であり、左になるほど「リベラルな住民が多い州」になっている。これを見ると、リベラルな州ほど死刑制度が廃止されている。これは予想できる結果だ。特に驚くべき事実ではない。

アメリカ50州+D.C.の死刑廃止状況（2018年当時）

Strongly Liberal		Moderately Liberal		Moderately Conservative		Strongly Conservative	
D.C.	YES	Minnesota	YES	Wisconsin	YES	Georgia	NO
Massachusetts	YES	Illinois	YES	Arizona	NO	Tennessee	NO
Rhode Island	YES	New Hampshire	YES	Kentucky	NO	South Carolina	NO
Connecticut	YES	Maine	YES	Iowa	YES	Arkansas	NO
Vermont	YES	Michigan	YES	Missouri	NO	Montana	NO
Oregon	YES	Pennsylvania	NO	North Carolina	NO	Oklahoma	NO
New York	YES	New Mexico	NO	Alaska	YES	Idaho	NO
Hawaii	YES	Nevada	NO	Kansas	NO	Louisiana	NO
Washington	YES	Colorado	YES	South Dakota	NO	Utah	NO
Maryland	YES	U.S.A.	—	Texas	NO	Mississippi	NO
New Jersey	YES	Florida	NO	Indiana	NO	North Dakota	YES
California	NO	Ohio	NO	West Virginia	YES	Wyoming	NO
Delaware	YES	Virginia	NO	Nebraska	NO	Alabama	NO

死刑制度廃止を発表する米国メリーランド州知事（2013）
2013 Photo by MDGovpics licensed under CC BY 2.0

　続いて、下図を見てほしい。これは、同性婚を認めているかどうかの表だけど、リベラルな州や死刑廃止州になるほど同性婚を認めている傾向が強い。社会的マイノリティの価値観を尊重する社会的文化的基盤が存在するということだ。

同性愛者同士の婚姻/民事連帯が合法化されているか（2018年当時）

Strongly Liberal		Moderately Liberal		Moderately Conservative		Strongly Conservative	
D.C.	YES	Minnesota	YES	Wisconsin	YES	Georgia	NO
Massachusetts	YES	Illinois	YES	Arizona	NO	Tennessee	NO
Rhode Island	YES	New Hampshire	YES	Kentucky	NO	South Carolina	NO
Connecticut	YES	Maine	YES	Iowa	YES	Arkansas	NO
Vermont	YES	Michigan	NO	Missouri	NO	Montana	NO
Oregon	YES	Pennsylvania	NO	North Carolina	NO	Oklahoma	NO
New York	YES	New Mexico	NO	Alaska	NO	Idaho	NO
Hawaii	YES	Nevada	YES	Kansas	NO	Louisiana	NO
Washington	YES	Colorado	YES	South Dakota	NO	Utah	NO
Maryland	YES	U.S.A.	—	Texas	NO	Mississippi	NO
New Jersey	YES	Florida	NO	Indiana	NO	North Dakota	NO
California	YES	Ohio	NO	West Virginia	NO	Wyoming	NO
Delaware	YES	Virginia	NO	Nebraska	NO	Alabama	NO

　さらに、下図を見てほしい。これは、高学歴の州民がどの程度存在するかを示すものだ。25歳以上の州民のうち大学院修了者の割合だ。全米平均値よりも数値の高い州は赤で塗られており、数値の低い州はグレーで塗られている。日本のように高等教育が重視されない国と違って、欧米社会では、大学を出ただけでは低学歴（person of low education）とみなされる。高学歴（higher-educated person）と言われるためには大学院まで修了していなければならない。

　その点、この図をみれば明らかだけど、リベラルな州ほど高学歴層が多いことが分かる。ボクらは「高度な教育を受けた人間ほどリベラルになりやすく、高度な教育を受ける機会のなかった人間ほど保守的になりやすい」と思い込みがちだけど、それは単なる思い込みではないわけだ。

25歳以上の州民のうち大学院修了者の割合（％）
Source: U.S. Census Bureau.

Strongly Liberal		Moderately Liberal		Moderately Conservative		Strongly Conservative	
D.C.	28.0	Minnesota	10.3	Wisconsin	8.4	Georgia	9.9
Massachusetts	16.4	Illinois	11.7	Arizona	9.3	Tennessee	7.9
Rhode Island	11.7	New Hampshire	11.2	Kentucky	8.5	South Carolina	8.4
Connecticut	15.5	Maine	9.6	Iowa	7.4	Arkansas	6.1
Vermont	13.3	Michigan	9.4	Missouri	9.5	Montana	8.3
Oregon	10.4	Pennsylvania	10.2	North Carolina	8.8	Oklahoma	7.4
New York	14.0	New Mexico	10.4	Alaska	9.0	Idaho	7.5
Hawaii	9.9	Nevada	7.6	Kansas	10.2	Louisiana	6.9
Washington	11.1	Colorado	12.7	South Dakota	7.3	Utah	9.1
Maryland	16.0	U.S.A.	10.3	Texas	8.5	Mississippi	7.1
New Jersey	12.9	Florida	9.0	Indiana	8.1	North Dakota	6.7
California	10.7	Ohio	8.8	West Virginia	6.7	Wyoming	7.9
Delaware	11.4	Virginia	14.1	Nebraska	8.8	Alabama	7.7

　さらに下図を見てほしい。これは**州民の平均年収**を示した表だ。これを見ると、リベラルな州ほど高所得者が多いことが分かる。一方で、保守層の多い州は軒並み所得水準が低い。例えば、最も低い数値を示しているミシシッピ州になると、全米平均と比較して、3/4程度の所得水準しかない。

　要するに、リベラルな州ほど高学歴かつ高所得の住民が多く、そこでは、死刑のような暴力的制度に頼らずとも、秩序を保っていける環境となっているわけだ。「生命」に関する講義で、ドイツのように**経済的精神的余裕がある国のことを「先進国」と呼ぶ**ことに言及したけど、それと非常にリンクしていそうな結果だね。

州民の平均所得（USD）
Source: U.S. Census Bureau.

Strongly Liberal		Moderately Liberal		Moderately Conservative		Strongly Conservative	
D.C.	45,004	Minnesota	30,656	Wisconsin	27,426	Georgia	25,309
Massachusetts	35,485	Illinois	29,519	Arizona	25,571	Tennessee	24,294
Rhode Island	30,005	New Hampshire	32,758	Kentucky	23,210	South Carolina	23,906
Connecticut	37,807	Maine	26,464	Iowa	26,545	Arkansas	22,007
Vermont	28,846	Michigan	25,547	Missouri	25,546	Montana	25,002
Oregon	26,702	Pennsylvania	28,190	North Carolina	25,285	Oklahoma	24,046
New York	32,104	New Mexico	23,749	Alaska	32,537	Idaho	22,581
Hawaii	29,227	Nevada	27,003	Kansas	26,845	Louisiana	24,264
Washington	30,661	Colorado	31,039	South Dakota	25,570	Utah	23,794
Maryland	36,056	U.S.A.	28,051	Texas	25,809	Mississippi	20,670
New Jersey	35,928	Florida	26,451	Indiana	24,558	North Dakota	28,700
California	29,551	Ohio	25,857	West Virginia	22,482	Wyoming	28,858
Delaware	29,733	Virginia	33,326	Nebraska	26,523	Alabama	23,587

残虐刑

　話を本題に戻そう。そもそも、なぜ世界は死刑廃止に踏み切ったのだろう。なぜ先進国と言われる地域ほど、死刑制度を廃止しているのだろう。ここでは、その主たる理由を3点挙げておきたい。

　第1は死刑が残虐刑（cruel punishment）に相当するからだ。このことを説明する上で、まずは「刑罰の種類」というものを説明してみよう。古代より、国家は、秩序の名の下に様々な刑罰を開発しては、犯罪者と認定したホモサピエンスを処罰してきた。それは下図の4種類に分類できる。

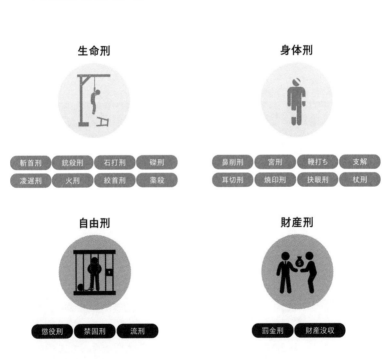

生命刑

斬首刑　銃殺刑　石打刑　磔刑
凌遅刑　火刑　絞首刑　薬殺

身体刑

鼻削刑　宮刑　鞭打ち　支解
耳切刑　焼印刑　抉眼刑　杖刑

自由刑

懲役刑　禁固刑　流刑

財産刑

罰金刑　財産没収

　古代から、国家は「秩序のためならば何をやってもよい」という考え方の下に、**生命刑と身体刑**を中心とする刑罰を人間に加えてきた。強盗した人間の両手を切ったり、殺人を起こした人間の生皮を刃物で剥いでいくといった罰を科してきた。そのような刑罰があるからこそ秩序は保たれているのだと、みんな信じてきた。

　しかし、現代では、もはや生命刑と身体刑は、残虐刑として人権保障の点から原則禁止される方向にある。その代わりに、**自由刑と財産刑**への移行が進んでいる。現に、国際人権規約も日本国憲法も、残虐刑を絶対的禁止条項として明記している。今の時代は、いかに残虐な犯罪を起こした者であっても、その者に残虐な刑罰を与えることは禁じられている。

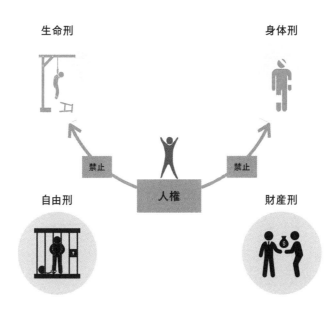

生命刑　　　　　　　　　身体刑

禁止　　人権　　禁止

自由刑　　　　　　　　　財産刑

　ここで「確かに日本国憲法では残虐刑を禁止しています。でも、戦後日本ではずっと絞首刑（hanging）を実施しています。これは憲法違反なのですか？」という声が聞こえてきそうだ。実は、この点に関して、日本の最高裁は1948年の判決において「火刑、磔刑、晒し首などは残虐だが、絞首刑は残虐ではない」という判断を下している。

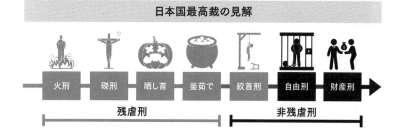

日本国最高裁の見解

| 火刑 | 磔刑 | 晒し首 | 釜茹で | 絞首刑 | 自由刑 | 財産刑 |

残虐刑　　　　　　　　　　　　　　非残虐刑

　日本の最高裁は「憲法の番人ではなく、政府の番人」と先ほど言ったけど、死刑制度についても、最高裁は政府の意向のままに「アクロバティックな論理」で擁護してみせたわけだ。火刑にしろ絞首刑にしろ、人間に苦しみを与えた上で殺すことに変わりないのだけど、絞首刑は残虐ではなく、人道上の観点から許されるのだと。

　はたして、絞首刑という殺害方法は、憲法が禁止している残虐刑なのか。国民主権の原則から言えば、最終的には有権者が解釈すべき問題だ。ところが、この国では死刑執行現場は一切非公開なんだ。キミ自身も、小中高において、死刑執行現場を社会科見学したことがあるだろうか。当然あるわけもない。この国では、国民に対して、国家が日常的に何をやっているのか、決して見せはしない。

同害報復

死刑制度の廃止理由として、もう1つ挙げられるのは「死刑は同害報復という誤った理論によって正当化されている」という点だ。このことを説明するために、まず「なぜ刑罰が存在するのか」という論点を考えてみよう。下図を見てほしい。古来より、国家は様々な刑罰を人間に与えてきたが、その目的には様々なものがある。

ちなみに、左上に「？？」と伏せ字になっている部分があるよね。ここには漢字二文字が入るんだけど、一体なんだろうか。その答えは後の講義で発表することにしよう。

刑罰の目的

？？

報復

祝祭

特定人物から害悪を受けた者の報復感情を国家が代行して満たしていく

特定人物を血祭りにあげることで、社会全体に娯楽と一体感を与える

抑止

隔離

矯正

国家が特定行為を犯罪と定義することで、社会全体における特定行為を抑止する

特定行為を起こした人物を施設隔離し、特定行為の再発生を防止する

特定行為を起こした人物に教育更生を施し、特定行為の再発生を防止する

01 価値
02 人権
03 教育
04 労働
05 階級
06 結婚
07 生命
08 秩序
09 刑罰
10 象徴
11 政府
12 国民
13 恐怖

　本題に戻ろう。死刑は報復（retribution）の色彩が強い刑罰だ。もっと正確に言えば、死刑が正当化される背景には「他者に害悪を与えた人間に対しては、報復措置として同等の害悪を与えるべきである」という同害報復（lex talionis）の考え方が存在する。古代メソポタミアの時代から続く「目には目を、歯には歯を」という刑罰の在り方だ。

　しかし、現代では、そのような考え方は時代遅れだとみなされている。仮に、同害報復という考え方で刑罰ルールを設定していくと「右目を潰した人間の右目を潰せ」「強姦犯を強姦しろ」「他人の右腕を潰した犯人の右腕を斬れ」といった残虐刑につながる刑罰システムが正当化されるからだ。

　そもそも、現代国家における刑罰とは、復讐の道具ではなく、刑事政策（criminal policy）の1つに過ぎない。復讐という曖昧な個人的感情を基準にしても、体系的で合理的な刑罰制度は構築できない。

　ちなみに、中近東では、いまだに同害報復理論に基づいた刑罰制度を忠実に運用している国もある。例えば、他人に下半身不随の障害を負わせた人間に対して、外科手術によって下半身不随にさせる刑罰を与えるといった判決が、21世紀の現在でも提示されている。もしかしたら、そのように残虐な刑罰がある国なら、そのぶん国家秩序は強度なものとなっているのかもしれない。では、キミ自身はそのような刑罰システムのある国に住みたいだろうか。

補償可能性

　そもそも、なぜ生命刑や身体刑といった残虐刑は、現代世界において否定されているのだろうか。同害報復理論に基づいて、犯罪者の腕や足を切ることはなぜいけないのか。その根本的理由は**刑事補償**に求めるべきだろう。

　前回講義を振り返ってほしい。冤罪被害者に刑事補償を与えることは、可能な限り確実に保障されるべき普遍的人権だ。しかし、ある人物を死刑に処して殺害すると、後で冤罪と判明しても、補償が絶対的に不可能となる。この**補償可能性**（compensability）の問題こそ、死刑制度が有する致命的かつ論理的な欠陥だ。

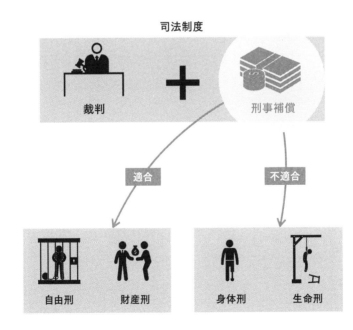

司法制度

裁判 　＋　 刑事補償

適合 　　　　　　不適合

自由刑　　財産刑　　　　身体刑　　生命刑

　王や神官が「無謬の存在」となっていた古代ならいざしらず、現代においては、国家や裁判官や警察官は常に誤ちをおかす存在だと、ボクらはみな知っている。

　だからこそ、司法制度は刑事補償とセットになっていなければならない。国家がミスを犯した時、冤罪被害者に刑事補償を与えることが可能な限り保障されていなければならない。秩序（司法制度）と人権（刑事補償）は両立していなければならない。人間の生存可能性（survival potential）を事実上ゼロに等しくする生命刑や身体刑といった残虐刑は「刑事補償と適合しない」という理由ゆえに、廃止しなければならないわけだ。

　ただし、だからと言って「殺人罪で有罪が確定した人間は、みな刑務所に放り込んで、一生にわたって強制労働でもやらせておけばいい」という結論で終わるわけではない。生命刑から自由刑にシフトさせただけではダメなんだ。

　仮に、刑務所がアウシュビッツ強制収容所のように劣悪な生活環境・労働環境・衛生環境にあって、一般人よりもはるかに短命化する状況では、形式的には自由刑であっても、実質的には生命刑を意味する。

　つまり、補償可能性を可能な限り確保するためには、死刑廃止はもちろん、刑務所の待遇改善も不可欠だ。刑務所に放り込まれても、一般人と同レベルの生存可能性が保たれていなければならない。

その点、人権先進国になるほど、監獄といえども、衛生環境や生活環境には一定の配慮がなされる。囚人たちは、テレビ付きの個室が与えられ、労働時間も厳格に制限され、無償教育や無償医療も受けられる。さらには、週末帰宅権やバカンス旅行権すら保障されているケースもある。ここまで来ると、少なくとも日本の一般市民よりも手厚い人権保障レベルであることは間違いない。

人権先進国の囚人に付与される権利

週末帰宅

適正労働

無償教育

無償医療

自由時間

バカンス

例えば、ノルウェー政府が2010年に設立したハルデン刑務所（Halden fengselh）は、現代における囚人処遇のあり方を象徴する施設だ。ここでは、10平米の個室が各囚人に与えられ、液晶テレビ、冷蔵庫、シャワー、トイレなどが完備されている。囚人たちは食料品店で食料を自ら調達して、ソファ付きの共用リビングルームで調理・食事することができる。図書館、ジム、礼拝堂もあり、面会に来た家族たちと一夜をともに過ごす別室も用意されている。

01 価値 / 02 人権 / 03 教育 / 04 労働 / 05 階級 / 06 結婚 / 07 生命 / 08 秩序 / 09 刑罰 / 10 象徴 / 11 政府 / 12 国民 / 13 恐怖

　ノルウェーは誰もが知る世界トップクラスの人権先進国だけど、囚人の人権保護に関してもトップクラスであることがよく分かる。ちなみに、ノルウェーの再犯率はわずか16%であり、これはOECDの中でも最低レベル。つまり、ノルウェーの刑事政策は成功しているわけだ。一方で、日本の再犯率は41%であり、これはOECDの中でも最悪レベルの数値となっている。

ハルデン刑務所の内観
Photo by Justis- og politidepartementet licensed under CC BY 2.0.

　そもそも、囚人（prisoner）とは、犯罪者（criminal）ではなく、国家から犯罪者とみなされた人物に過ぎない。さらには、財産刑などで済むはずが、たまたま裁判官のいい加減な判断によって刑務所送りとなっただけの人物も含まれる。囚人だからといってどのように扱ってもかまわない、という論理は成立しない。これが現代における秩序の在り方だ。

ホモサピエンスは情熱と威信をかけてシンボルを造る生き物だ。
そして、そのシンボルが造られたものだということを彼らは忘れゆく。

──ジョイス・キャロル・オーツ

国家の分類

　この本も佳境に入ってきた。ここから2章にわたって、国家（state）そのものについて学んでみよう。政治を学ぶにあたって、まず知らないといけないのは、ボクらホモサピエンスを支配する国家という組織のことだ。まず国家組織の仕組みについて説明しよう。

　下図を見てほしい。これは国家の分類表だ。現在、地球上には、国家という組織がおよそ200ほど存在する。一口に国家といっても様々なタイプがあるけど、大きく分けると、この表のように分類できる。君主制、共和制、大統領制、議会制。キミも社会科の時間やニュースなどで聞いたことがあるワードのはずだ。

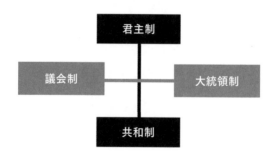

　ここで、キミに簡単なクイズを出してみよう。下記に挙げる国々は、下の表のどこに位置するだろうか。左上か、右上か、左下か、右下か。正解は次回講義で発表しよう。

国家元首

　今回の講義では、まず、この十字の表におけるタテ軸「君主制と共和制」について説明してみよう。下図を見てほしい。これは、国家という組織をシンプルな絵にしたものだ。要するに、アメリカだろうと日本だろうと中国だろうと、どんな国にも、**国家元首**（head of state）という人間が存在する。国家元首とは「国家のトップに位置する人物」のことだ。

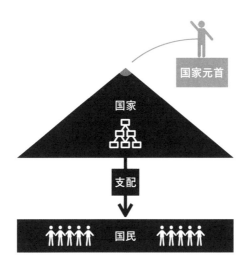

　国家とは**組織**（organization）だ。組織ゆえにピラミッド式の上下関係が必要だ。例えば、キミの所属している大学のサークルを見てほしい。ちょっとした規模のものになると、代表とか会長といった肩書の人間がいるはずだ。そして、その下に会計係とか宴会係といった役割分担ができる。上下関係に基づくピラミッド型の組織ができあがる。国家もまた同じだ。国家という組織の頂点に立つのが国家元首と呼ばれるポジションなんだ。

　国家元首の仕事はいろいろあるけど、最も重要なのは象徴 (symbol) だ。つまり、国家元首は、自国民に向けて「国のシンボル」として振舞う。国民は、国家元首を見て、国家という抽象的存在を実感するわけだ。

　さらに、国家元首には、国民の統合 (unity) という仕事もある。バラバラの個人が国家という空間のなかで、ある程度の秩序を作ってまとまっていく。「国民をまとめる」という役割を果たすわけだ。例えば、会社にしたって、サークルにしたってそうだ。なんらかの目的だったり、なんらかの人物だったり、そういうものの下に、バラバラの個人が集まって、ある程度の秩序が作られている。それが統合 (まとまる) だ。

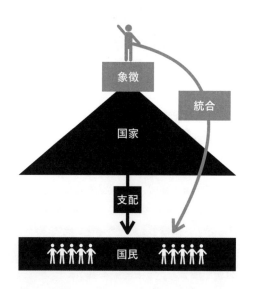

君主国と共和国

さっきの十字の表において「君主国と共和国」という違いが出てきた。これは、国家元首という役割を君主が負っているか、一般人が負っているか、ということなんだ。

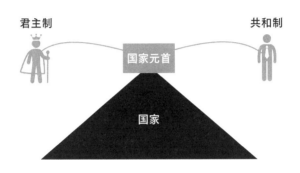

まず、君主国から説明しよう。これは、**世襲君主**（monarch）が国家元首としての役割を負っている国家のことだ。君主というのはあくまで一般的な言い方で、国によっては、皇帝（emperor/empress）、国王（king/queen）、大公（grand duke/duchess）といった肩書で呼ばれている。その国を代表する高貴な一族が世襲で国家元首としての仕事を引き受けている。そういう国々のことだ。

高貴な一族というのは、国家のシンボルにちょうどいいよね。世界史に載っているような人物の末裔だと、それだけで**畏怖の対象**だ。「ああ、こんな高貴な人が私たちの国の頂点なんだ」と考えるだけで、愛国心が湧き出てくる。「この人の下で、国民みながまとまっていこう」ということになる。これがどこの馬の骨とも分からない人間だと、国家元首として機能しにくいかもしれない。

01 価値
02 人権
03 教育
04 労働
05 階級
06 結婚
07 生命
08 秩序
09 刑罰
10 象徴
11 政府
12 国民
13 恐怖

　要するに、君主制というのは、血統（blood）によって国民が統合されるタイプの国家のことだ。その国を代々支配してきた一族を君主として担ぎ上げる。その君主一族こそが国家の正統な保有者であり、国民がその正統な保有者の下に集まり、秩序だって暮らしている。それが君主国の理想型だ。

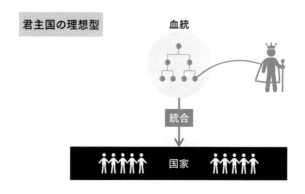

君主国の理想型　　　　　　　　　　血統

統合

国家

　一方、共和国とは、そうした世襲君主が存在しない国のことだ。共和国には君主がいないので、君主の代わりを一般国民のなかから定期的に選出する。その人物に、任期付きで一定期間ほど、国家元首の役割を負わせる。国際標準では、共和国における国家元首を大統領（president）と呼ぶ。国民投票で選ぶケースもあるし、有力政治家たちの協議で決めているケースもある。

　この世の中には、現職大統領が独断で次期大統領を指名する共和国すら存在する。その際に「たまたま次の国家元首にふさわしいのが自分の息子だった」などと意味不明なことを口走る。そして、ドラ息子が次期大統領に就任する。そして、そのドラ息子もまた、自分の息子を次期大統領に指名する──。ここまで来ると「形式的には共和国、実質的には君主国」と呼ぶべきだろうね。言い換えれば、共和制の理想型とは遠く離れた共和国だ。

　ここでキミに質問してみよう。君主国とは「ある血統の下に国民が統合される状態を理想とする国家」のことだった。では、共和国とは、ナニの下に国民が統合される状態を理想としているのか。

　ボクはさっき「実質的な」とか「形式的な」と言ったけど、実質的な共和国（substantive republic）と言えるためには、国民がいかなるものの下にまとまっていなければならないのか。それは漢字二文字で表される。この質問については、後でもう一回聞いてみよう。実は、この質問は、この本全体の内容に関わってくる重要な問いなんだ。

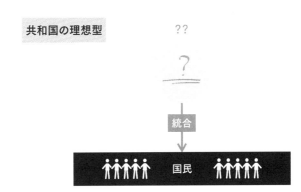

君主制の衰退

　これで君主制と共和制というタテ軸の説明が終わった。ここまで読むと「この地球には、君主国と共和国は同じぐらいの割合で存在するのかな」と思ってしまうかもしれない。しかし、実際には、21世紀の現在における共和国：君主国の割合は 75:25 となっている。君主国はかなりの少数派なんだ。

　下図を見てほしい。これは君主国の数を折れ線グラフにしたもの。要するに、この100年間、君主国はドンドン減少しているんだね。われわれ人類は「君主制から共和制へ」という流れに進んでいる。この流れは止めようがない。

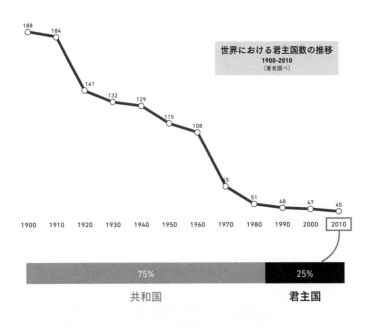

世界における君主国数の推移
1900-2010
〈著者調べ〉

188	184	141	132	129	115	108	65	51	48	47	45
1900	1910	1920	1930	1940	1950	1960	1970	1980	1990	2000	2010

75%　共和国

25%　君主国

　このような流れが20世紀に加速した原因は色々ある。例えば、敗戦の責任を取らされる形で君主一族が追放されて共和国に変わったケース。国内で革命運動が成功して君主が追放されたケース。ある広大な君主国の一部が独立して新たに共和国が生まれたケース。

　もう1つ忘れてはいけないのが人権思想だ。20世紀は人権思想が世界的に普及しはじめた時代でもある。そして、人権思想の根底には「人間はみな平等である」という考え方がある。とすると、特定の一族に国家元首ポストを世襲で独占させる君主制は、人権思想と矛盾することになる。人権思想の世界的普及によって、論理必然的に君主制は批判の的になっていったわけだ。

君主制衰退の背景

敗戦　　　　　　革命　　　　　　独立　　　　　　人権

君主制の機能不全

　ただし、人権思想の発祥地であるヨーロッパは共和国だらけかというと、そんなことはない。いまでも君主制を採用している国々はいくつも存在する。下図を見てほしい。OECD加盟国を見渡すと、共和国（republic）が多いことは事実だけど、君主国（monarchy）も少数派ながらいくつかは生き残っているのが分かる。

共和国か君主国か
OECD member states

Australia	monarchy		Japan	monarchy
Austria	republic		Luxembourg	monarchy
Belgium	monarchy		Mexico	republic
Canada	monarchy		Netherlands	monarchy
Chile	republic		New Zealand	monarchy
Czech	republic		Norway	monarchy
Denmark	monarchy		Poland	republic
Estonia	republic		Portugal	republic
Finland	republic		Slovakia	republic
France	republic		Slovenia	republic
Germany	republic		South Korea	republic
Greece	republic		Spain	monarchy
Hungary	republic		Sweden	monarchy
Iceland	republic		Switzerland	republic
Ireland	republic		Turkey	republic
Israel	republic		United Kingdom	monarchy
Italy	republic		United States	republic

　もちろん、大昔みたいに、君主に絶大な政治権力を与えている国はほとんどない。憲法によって、儀礼的で象徴的なポジションに君主を押さえ込んでいる立憲君主国（constitutional monarchy）がほとんどだ。いずれにせよ、この世の中には、王様を国家の象徴/国民統合装置として頂点に祭り上げている先進国がまだまだ存在する。

　では、そうした国々では「君主というシンボルの下に国民がまとまっている」という**君主国の理想型**となっているか。これが実は雲行きの怪しい状況なんだ。

　そもそも、君主の下に国民が統合される状況をもたらすには、君主一族の**神聖性**（holiness）を偽造する必要がある。君主一族といえども、一介の人間にすぎないから、臆病な者も、暗愚な者も、嫉妬深い者もいれば、色魔もいる。しかし、そんな「人間らしさ」が国民の前に露呈したら困る。だから、君主一族を「神聖な存在」に見せかける必要がある。

　しかし、現代は人権思想が普及しているので、人々は**言論の自由**を持っている。特に、テレビや雑誌といったマスコミは報道の自由を保持している。だから、君主一族の「人間らしさ」なんて、あっという間に報道されてしまう。大手マスコミに圧力をかけたところで、現代はテクノロジーの進化によって個々人の誰もが報道機関となり得る。かつてと比較して、容易に私生活が暴露されるようになり、神聖性という虚飾が瓦解しやすくなっているわけだ。

そのふざけた機械を使いこなせんと、ワシらは終わりだぞ。昔の王は、軍服を着て馬にまたがり上品ぶっとればよかった。今は、国民の家に押しかけて、連中の機嫌を取らねばならん時代だ。王族はこの世で最も卑しい身分に成り下がった。我々は役者になったのだ。
　　　　　　　　　　——映画『英国王のスピーチ』より抜粋

King George V (1865-1936)

01 価値
02 人権
03 教育
04 労働
05 階級
06 結婚
07 生命
08 秩序
09 刑罰
10 象徴
11 政府
12 国民
13 恐怖

いまや、どこの先進国でも、君主一族なんてのは、多かれ少なかれ「国民統合」としての地位を失って「公共の見世物」の機能へとシフトしているのが現状だ。その事例を4つほど紹介しておこう。

第1はイギリス（United Kingdom）だ。世界で最も有名な君主国だね。ここの王室では、チャールズ皇太子（当時）とダイアナ妃という「世紀のカップル」の間でスキャンダルが繰り広げられた。ダブル不倫、別居騒動、離婚裁判へと至る流れは、マスコミによって面白おかしく報道され続けた。このあたりのことは、キミもよく知っているはずだ。

ダイアナの死後は、2人の間に生まれた子供であるヘンリー王子が、アル中、マリファナ、人種差別発言、乱交パーティといった醜聞ネタをマスコミに幼少期から提供し続けてきた。

近年の英国メディアによる世論調査を見ると、君主制支持率は6割から7割程度で推移しており、王室人気は根強い。しかし、共和主義運動は常に活発であり、王室批判はタブー化されていない。王室維持費用の高さ、国家元首ポストの平等性、王族の人権保障など、様々なテーマに分岐して、君主制廃止論が公に議論されている。United Kingdom から United Republic への国体変更というわけだ。

　第2はスウェーデン（Kingdom of Sweden）だ。ここの国王カール・グスタフ（Carl XVI Gustaf）の私生活を暴露する書籍が2010年に出版された。そこには、女性歌手との不倫やストリップクラブ通いなど、国王の下半身ネタが満載。しかも、国王がその証拠写真をもみ消すためにマフィアに仲介を依頼したことまで報道された。同年の世論調査では、君主制支持派が46％となり、過半数を下回る事態となった。

　もともと、スウェーデン国王は、1974年の憲法改正以来、儀礼的にすら国政関与を許されていない「置き物」のごとき状態にある。これに加えて、このスキャンダルの一件で、スウェーデン王室の権威は致命的な打撃を被った。いまや公に Republic of Sweden への移行をめぐる議論が展開されているわけだ。

スウェーデン国王カール16世グスタフ
2010 Photo by Bengt Nyman licensed under CC BY 2.0.

　第3はスペイン（Kingdom of Spain）だ。現在、同国は君主制廃止運動が最も活発な国の1つとなっている。1975年に国王に即位したフアン・カルロス1世（Juan Carlos I, 1938-）は、1970年代にスペインの独裁政治が終わった後、若くして国王となった人物であり、スペイン民主化の象徴として、もともと国民人気が高かった。

　しかし、21世紀に入ると、私生活における浪費癖が暴露されていく。世界自然保護基金（WWF）の名誉総裁でありながら、アフリカゾウの娯楽狩猟に興じていたことも、マスコミによって大々的に報道された。その結果、在位末期の君主制支持率は50％未満に低下。2014年には国王の退位を余儀なくされた。これを機会に、スペインでは共和制移行を唱える政治運動が現在に至るまで頻発している。

　第4はノルウェー（Kingdom of Norway）だ。ここもヴァイキング時代に起源を持つ王室を持ち、イギリスと並び称される世界的な君主国だけど、現代では私生活上のネタを公共に提供する存在と化している。

　現国王の長女マッタ・ルイーセ（Märtha Louise）は、かねてより「私には天使と交信する特殊能力がある」と公表してきた。天使との交信方法に関する書籍を発表するほか、天使と交信するための専門学校の設立にまで関与しており、その行動はノルウェー国民の間で冷笑のネタだ。ボク個人はそうしたスピリチュアルな趣味を茶化したくはないけど、現実問題として、公共的影響力の高い人物がそのような言動をとれば「公共のネタ」になるのは避けられない。

　また、このルイーセ王女の弟に**ホーコン王太子**（Haakon, Crown Prince of Norway）という人がいる。次期国王候補だ。2000年、この王太子が一般人女性と同棲していることが発覚する。

　当然、ノルウェーのマスコミがこの女性の素性を報道していく。すると、学生時代から**ドラッグパーティ**の常連だったことが発覚した。さらには、同じドラッグ仲間の男性との間に一子が存在することまで判明した。このスキャンダルによって、君主制支持率は一時的に9割台から4割台にまで急降下した。

　ボク個人は、ドラッグ経験のある人間と交際することにも、シングルマザーと結婚することにも、特に違和感や嫌悪感を抱くことはない。しかし、やはり現実問題として、公共的重要性を持つ（持たされている）人物は、婚約や結婚といった私的事柄についてすら、公共の場において、不可避的に**批評や冷笑のネタ**にされるわけだ。

　ホーコン王太子は、その後、記者会見を開いてノルウェー世論を説得し、彼女との結婚を実現した。しかし、当初、彼女との結婚を考えるにあたっては、**王家からの離脱**すら真剣に検討したそうだ。

　愛する人と結婚するというごく普通の人権を行使するために、わざわざ世論に許しを乞うたり、自分の育った一家から離れることすら選択肢に含めなければならないとはね。でも、それが現代における君主制だ。君主一族に生まれた者たちの置かれた現状なんだ。

権威と権力

　そもそも、21世紀にもなって、君主などという古めかしい人物がなぜ必要なのか。君主制を支持する人々は「君主は特別な権威を有する存在だから」といったことを口にする。国家が大勢の人間たちを支配するには「命令に逆らったら殴るぞ、殺すぞ」といった権力（power）だけでは不十分だ。そこに住む人々が自発的に国家の命令に従うような権威（authority）も必要となる。「あの人の言うことなのだから、それは正しい」と思わせるような何かだ。

　例えば、病院という世界を見てほしい。患者たるキミは、なぜ痛い注射をガマンするのか。病院スタッフたちが腕を押さえつけて身動きが取れないからか。違う。医師から「この注射を打ちなさい」と言われたからだ。キミは、医師免許という権威を信じ「よく分からないが、医学部を出た医者が言うんだから間違いないだろう」と思って、自発的に命令に従っている。患者の身体を押さえつけるという権力だけでは、病院という秩序空間を保つことは不可能だ。

　国家は、その権威という機能を果たすツールとして、古代より血統を活用してきた。人間というのは弱いものだ。「無礼者。恐れ多くもここにおられるは、紀元前よりこの地を治めてこられた○○家のご当主であるぞ」などと言われたらどうする？　しかも歴史学者たちのお墨付きが付いた家系図まで見せられたらどうする？

　多くの人々は「よく分からないがすごい人なのだろう」と平身低頭する。なかには「こんな神聖な人々の下で生きていける。なんて幸運なんだ」みたいなことを真顔で思い込む人々だっている。この血統という権威を利用して国家の秩序を維持する。君主制というのは、なかなかよくできた仕組みだ。

権威

権力

　しかし、現代では、その君主の権威がうまく機能しなくなっている。繰り返すけど、上でも述べたように、今の世の中には人権思想が広まっている。君主一族のスキャンダルを報道する自由、出版する自由も認められる。人権思想によって、**君主の権威**がいとも簡単に失墜するようになった。

　昔なら、君主の権力を使って、そうした言論活動を弾圧できたけど、今の世の中はそれも難しい。人権思想によって、君主の存在意義が「**国家的権威から公共的見世物へ**」と変容しているんだ。

日本の君主制

　話は変わるけど、日本は君主制か共和制か。毎年の講義のたびに、ボクはこの単純な質問を投げかける。そのたびに「よく分かりません」「雰囲気としては共和国？」などといったレポートが後を絶たない。そもそも、日本の社会科教育では、そのあたりをハッキリ教えようとしない。それに、君主制と共和制の違いを理解している教師自体が少ないんじゃないかな。

　ちなみに、街角の書店で、ファンタジー系の同人漫画をパラパラめくってみると「主人公は○○共和国に行きました。世襲の王様やお姫様が出迎えてくれました」といった作品に出くわす。これはどういうことかというと、その作者が共和国の意味を理解していないだけの話だ。その作者は、小中高の教育プロセスにおいて、republicという概念について、なにも教えてもらっていないんだろうね。

　それはさておき、日本は君主国だろうか共和国だろうか。この点に関して、憲法学者や知識人たちの間で論争が繰り返されてきた。しかし、少なくとも、国際社会においては、日本は君主国に分類されている。日本を共和国とみなしている国家や国際機関は皆無だ。それはなぜか。もちろん、日本には天皇が存在するからだ。

　そもそも、ボクたち日本人は天皇のことを「天皇」と呼んでいる
けど、これは日本国内でしか通用しない名称だ。国際社会における
公式名称は Emperor of Japan ——つまり「日本国皇帝」となる。言
うまでもないが「世襲の皇帝が存在する共和国」など語義矛盾だ。

　名称だけではない。天皇は、政治家たちの助言に従う形で「国家
元首の職務」を日常的に遂行している。つまり、多くの国々におい
て国家元首のみが遂行している職務のことだ。

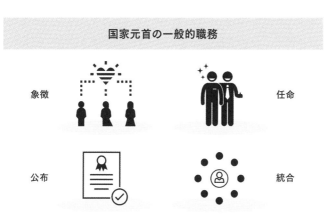

国家元首の一般的職務

象徴

任命

公布

統合

　第1は**象徴**（symbol）だ。国家という目に見えない存在を表すシ
ンボルとして振る舞うことだね。これは前に説明した通りだ。どこ
の国でも、国家の象徴となることは、国家元首が負うべき最低限の
役割となっている。ほとんどの公的役割を奪われたスウェーデン国
王さえ、象徴的機能だけは期待されている。日本を見ても、憲法1
条によって、天皇は「日本国の象徴」と定義づけられ、日本国とい
う目に見えない巨大な組織そのものを表現する存在となっている。

01 価値　02 人権　03 教育　04 労働　05 階級　06 結婚　07 生命　08 秩序　09 刑罰　10 象徴　11 政府　12 国民　13 恐怖

　第2は任命（appointment）だ。国家元首は、あくまで形式的な国のトップであって、実際の国家運営は、国家元首の下にいる実務者に一任している。そして、国家元首は、その実務者を公式に任命する儀礼的役割を演じている。日本を見ても、憲法6条によって、天皇は内閣総理大臣（行政府トップ）と最高裁長官（司法府トップ）を任命する儀礼的職務を負っている。いくら国会で新首相として選ばれた人間でも、天皇から任命書を受け取るまでは、公式には首相ではない。

　第3は公布（promulgation）だ。要するに、新しく成立した法律を国民に向けて発表することだね。「これは確かにわが国の法律である」と公式に認めて、内外に周知する役割だ。日本を見ても、憲法7条によって、天皇は公布という儀礼的職務を負っている。この国では毎年100以上の法律が成立しているけど、その原本の1つ1つに天皇の印が入っている。いくら国会で議決されたところで、天皇の印が入っていない法律など、法律としての効力を持たない。

左写真は、国立公文書館に保管されている日本国憲法の原本である。当時の裕仁天皇によるサインと印（御名御璽）が入っているのが分かる。憲法という国家の最高法規すら、天皇の公布という儀礼的行為なしには法律たり得ない。

　第4は**統合**（unity）だ。これも前に説明した通りだね。どこの国でも、国家元首は「国民をまとめる」という精神的文化的役割を期待されている。この点、日本を見ても、憲法1条によって、天皇は「日本国民統合の象徴」と定義されている。なお、この統合という役割を実質的に果たしていくには、あらかじめ国民の多くが天皇を敬愛している、あるいは肯定的感情を持っているという状況設定が必要だ。

2012 Photo by Okinawa Institute of Science and Technology licensed under CC BY 2.0.

　その点、大手マスコミは、皇室メンバーに対して、常に**最高敬語**を用いて報道する。最高敬語を用いることで「あの方々は特別に尊い存在」というイメージを大衆に与えている。また、やれ音楽会に出席した、やれ誰それと結婚した、といった個人的なことでも全国規模で報道する。いかに皇室の人々が日本の中心的存在であるかを大衆に日々伝えている。

01 価値 02 人権 03 教育 04 労働 05 階級 06 結婚 07 生命 08 秩序 09 刑罰 10 象徴 11 政府 12 国民 13 恐怖

　ちなみに、NHKが実施した世論調査によると、近年の天皇制支持率（国際標準の概念でいうところの君主制支持率）は8割以上に達している。さらに数パーセントは「もっと強い権限を与えるべき」とさえ回答している。天皇を肉眼で見て号泣する日本人はいまだに後を絶たない。このような役割を果たせるのは、日本広しといえども、天皇と皇族以外にあり得ない。

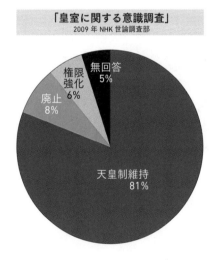

「皇室に関する意識調査」
2009年 NHK世論調査部

権限強化 6%
廃止 8%
無回答 5%
天皇制維持 81%

皇室の人権制限

01 価値
02 人権
03 教育
04 労働
05 階級
06 結婚
07 生命
08 秩序
09 刑罰
10 象徴
11 政府
12 国民
13 恐怖

　ところで、こうした皇室への圧倒的支持は、皇室メンバーの**神聖性や品位**に大きく依存している。皇室の人々が、品の良い職業に就き、品の良い家庭を築き、品の良い服装で身を包む。そして、品の良い微笑みを絶えず投げかけるからこそ、大衆もそんな皇室を誇りとして敬意を払うわけだ。

　これが、田舎のヤンキー風ヘアスタイルで夜の歓楽街を出歩いている、いかがわしい詐欺まがいのビジネスに関与している、家庭内暴力で離婚を何回も繰り返している、テレビカメラを前にしても仏頂面で悪態をつく――そんな天皇や皇族では、神聖性も品位もなにもない。**支持率**は自然と下がっていく。

　では、皇室の人々が国民統合の象徴たるにふさわしい品位を保つには、何が必要か。それは人権制限だ。もっと言えば、彼ら皇室メンバーに**不自由な人生**を押し付けることだ。実際問題として、皇室の一員である限り、彼らの個人的自由は制約されている。

皇室メンバーへの
実質的な人権制限事項

政治参加

婚姻

職業選択

居住移転

思想信条

　第1は政治参加の自由。皇室には政治的中立性が要求され、選挙権は生涯与えられない。第2は婚姻の自由。特に、皇族男子は、国内有力者が列席する皇室会議で了承を得ないと、婚姻は許されない。第3は職業選択の自由。これも、皇室の品位に見合った職業に就くことが事実上要求される。第4は居住移転の自由。皇族の居住地は予め決定されており、好き勝手に移転・移住することは許されない。

　そして、第5に思想信条の自由。ここでは「自分の思っていることを表に出す自由」としておこう。天皇や皇族は、マスコミや大衆を前にして、常に上品よく微笑んでいる。というより、微笑むよう要求されている。自分の感情をそのまま表に出してはならないように教育を受けているんだ。

　ちなみに、皇室メンバーは、税金によって、平均的国民よりはるかに高度な生活水準を保証されている。例えば、2015年時点の数値を見ると、天皇家（5人世帯）の生活費に相当する内廷費は、年間3億2000万円にのぼる。秋篠宮家（5人世帯）の生活費に割り当てられる皇族費は年間5185万円だ。現代日本の平均世帯年収は約550万円だから、皇族がいかに経済的に恵まれているかが分かる。

　ある意味、こうした高度な生活水準は、人権侵害に対する経済的代償とも言える。「高いカネを払ってるのだから、多少の不自由な人生は我慢しろ」という理屈だ。「人権をカネで買う」と言い換えてもいい。このように、皇室の人々に過酷な人権制限を課し、不自由な人生を強制することで、なんとか成立しているのが「日本の君主制」だ。ほかの君主国となんら事情は変わらない。

現代に必要なシンボルとは

　そろそろ、この章のまとめに入ろう。今回は、国家組織の頂点にあるシンボルという要素について考察した。ボクら人間は、古代から君主制という特定の血統の下でみんながまとまる仕組みを築いてきた。しかし、この君主制は、いまや致命的欠陥をいくつも抱えた**政治的因習**に過ぎなくなっている。今後も、君主制は衰退・絶滅への道を歩み続ける。これは世界的にも歴史的にも間違いない不可避的な流れなんだ。

　しかし、だからといって、**君主制の代替物**である共和制が無条件で肯定されるわけではない。形式的には、共和国は「君主が存在しない国家」のことだ。しかし、単に君主を置かずに、その代わりに大統領のポジションを作ればいい、という単純な話ではない。北朝鮮を見れば分かるように、形式的には共和国だけど、実質的には特定一族が君臨する「共和国を自称する君主国」だって存在する。

　一方、スウェーデンのように、形式的には君主国だけど、実質的には、国王が国家元首としての儀礼的役割すらほとんど剥奪されており「置き物」として扱われている国もある。また、オーストラリアも、形式的には英女王を国家元首に戴く君主国だ。しかし、その女王はオーストラリアをほとんど訪問すらしない。オーストラリアに、君主国としての実質的要素はあまり見られない。こうした国々は、時として**君主を戴く共和国**（Crowned Republic）と呼ばれる。

01 価値
02 人権
03 教育
04 労働
05 階級
06 結婚
07 生命
08 秩序
09 刑罰
10 象徴
11 政府
12 国民
13 恐怖

　つまり、形式的に君主国なのか共和国なのかは、それほど重要な問題ではない。ボク自身、日本の天皇制をどうすべきかなんて議論にはあまり関心がない。もっと重要なのは「実質的な共和国とは何か」だ。現代において問われているのは共和国の実質的条件だ。共和国の理想的内容はいかなるものかをボクらは考えるべきなんだ。もっと言えば、人々を統合するものが血統から何に置き換えられるべきかということだ。ボクら人類は、今まで君主一族という血統の下に統合され、まとまってきた。そんな仕組みがもう成り立たないのだとしたら、その代わりに、ボクらは何の下に統合されるべきなのか。何の下にまとまって国家を作っていくべきなのか。それが問われるべきだ。その答えは、この本のラストで提示しよう。

実質的な君主国

血統による人々の統合

実質的な共和国

??による人々の統合

我々が政府に嘘をついたら、それは犯罪となる。
しかし、政府が我々に嘘をついても、
それは政治と呼ばれるだけだ。

——ビル・マーレイ

国家のリーダー

　前回に続いて、国家の仕組みを説明していこう。前回講義では、国家元首（head of state）という「国家のシンボル」について説明した。今回の主人公は、国家に存在するもう1つの重要人物である政府首脳（head of government）だ。ちょっと難しい言葉だけど、要するに、国家元首の下で実質的に国家を動かしている権力者のことだ。

　国家組織の頂点にいるのは国家元首だ。だけど、その国家元首が国家を直接運営しているわけではない。例えば、英国女王や日本国天皇が、自国の防衛や課税について計画を練ったりするか？そんなことはあり得ない。実はどの国家組織にも政府（government）という部署があって、そこが国家運営の実務を担っている。そして、この政府の最高責任者を国際標準の言葉で政府首脳というんだ。

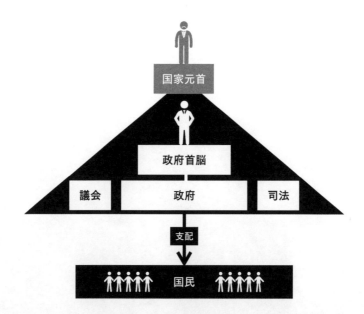

前回講義で「権威と権力」という言葉が出てきたけど、国家元首は「権威」であり、政府首脳は「権力」と表現できる。言い換えるとリーダー(leader)だ。政府首脳は、国家元首から任命される形で、その国のリーダーとなる。

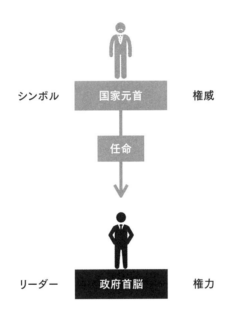

シンボル　国家元首　権威

任命

リーダー　政府首脳　権力

　例えば「サミット」という国際政治イベントがあるよね。日本では「先進国首脳会議」と言われることもある。このサミットに出席しているのは、国家元首ではなく政府首脳だ。サミットは、金持ち国家同士の仲良しサークルではない。現在世界で起こっている政治的課題をキッチリ話し合う実務的な集まりだ。そんな会議に、国のシンボルが参加しても意味がない。その下に位置する国のリーダーが出席する。それがサミットだ。

　そして、このリーダーをどう選ぶかによって、世界各国は、議会制と大統領制に分類できる。前回講義で国家を分類する十字の表を見せたよね。あの横軸だ。議会制の国家における国のリーダーを首相（prime minister）という。そして、大統領制の国家における国のリーダーを大統領（president）というんだ。

　では、OECD加盟国のなかでは、議会制と大統領制のどちらが多いか。下図を見れば一目瞭然だ。先進国のほとんどは議会制を採用している。大統領制を採用している国は少ない。首相という人物が国のリーダーを務めている国のほうが圧倒的なんだ。その理由はあとで説明しよう。とりあえず、今回の講義では、政治や憲法を学ぶ上で必ず理解すべき首相と大統領について説明していこう。

議会制か大統領制か
OECD member states

国	制度	国	制度
Australia	parliamentary	Japan	parliamentary
Austria	parliamentary	Luxembourg	parliamentary
Belgium	parliamentary	Mexico	presidential
Canada	parliamentary	Netherlands	parliamentary
Chile	presidential	New Zealand	parliamentary
Czech	parliamentary	Norway	parliamentary
Denmark	parliamentary	Poland	parliamentary
Estonia	parliamentary	Portugal	parliamentary
Finland	parliamentary	Slovakia	parliamentary
France	presidential	Slovenia	parliamentary
Germany	parliamentary	South Korea	presidential
Greece	parliamentary	Spain	parliamentary
Hungary	parliamentary	Sweden	parliamentary
Iceland	parliamentary	Switzerland	parliamentary
Ireland	parliamentary	Turkey	parliamentary
Israel	parliamentary	United Kingdom	parliamentary
Italy	parliamentary	United States	presidential

議会制

　議会制（parliamentary system）とは、議会がリーダーを選ぶ仕組みだ。現代の国家では、政府とは別に議会（parliament）という部署もある。この議会には、国民から選ばれた議員が集まる。国民の代弁者として、法律案にYES/NOと意思表示したり、政府の行動を監視する。そのあたりはキミも社会科の時間に習ったはずだ。

　議会制の国家では、この議員たちが話し合ってリーダーにふさわしい人物を指名する。そして、国家元首が、その指名された人物を政府首脳として正式に任命する。事実上、議会がリーダーの人事権を握っている仕組みだ。「議会が政治の中心」という国なんだね。

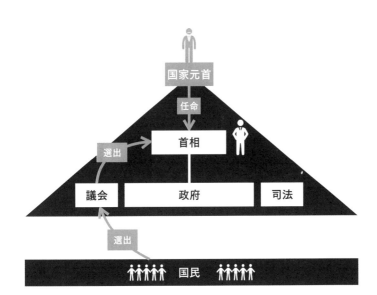

01 価値
02 人権
03 教育
04 労働
05 階級
06 結婚
07 生命
08 秩序
09 刑罰
10 象徴
11 政府
12 国民
13 恐怖

　議会制国家における政府首脳を prime minister（首相）という。prime は「筆頭の」という意味。minister は古代英語で「家臣」「上官の代理人」という意味。つまり、首相とは「筆頭の家臣」ということになる。では誰の家臣か。それはもちろん国家元首だ。国家元首は国家の最高地位にいる人物であり、何人もの有能な家臣を抱えていて、彼らに国家運営という仕事を任せている。その家臣のなかでも、最も強い権限を与えられているのが prime minister だ。

　ちなみに、日本国は、この議会制を採用している国だ。日本では、まず国民が国会議員を選ぶ。次に国会議員たちが首相にふさわしい人物を話し合って決めていく。国のリーダーの人事権は、国会が握っているわけだ。

　日本の首相も、英語上の公式表記は prime minister だ。では、日本の首相はだれの家臣か。形式上、それは天皇ということになる。日本の首相のことを日本国憲法では「内閣総理大臣」と呼ぶ。この「大臣」とは、古来より「天皇の重臣」という意味で使われてきた言葉だ。日本国憲法という20世紀の法律にも、そういう伝統的概念がしっかりと組み込まれているんだね。

大統領制

大統領制（presidential system）とは、国民がリーダーを選ぶ仕組みだ。リーダー選びに議会が関与していない。国民は、議会メンバーを選ぶ権限を有しているけど、それと同時に、政府首脳を選ぶ権限も有している。アメリカがその典型例だ。

大統領制国家における政府首脳を大統領（president）という。大統領は、国民投票によって大統領に選ばれると、国家元首と政府首脳の地位を兼務する。ここが重要な点だ。つまり、日本で言えば、天皇と首相の役割を兼ねるようなものだ。大統領制における大統領がいかに巨大な存在か、よく理解できるね。presidentには「社長」「理事長」といった意味があり、まさに「組織の頂点」を示す概念。あくまで「家臣」にすぎない首相とは性質が異なる地位だ。

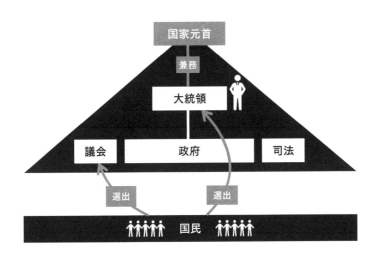

大統領制の欠陥

　大統領制国家では、国民みずから国家元首（シンボル）も政府首脳（リーダー）も選ぶことができる。国民とリーダーとの関係が間接的な議会制と比較して、とても分かりやすいし、とても民主的だ。

　しかし、OECD加盟国のなかで大統領制を採用しているのは、チリ、フランス、メキシコ、韓国、アメリカの5カ国のみ。フランスに至っては、大統領制と議会制をミックスさせた半大統領制（semi-presidential system）という仕組みを採用している。つまり、純粋な大統領制とは言えない。要するに、先進国のなかで大統領制を採用している国はごくわずかだ。

　繰り返すけど、大統領制では、国のシンボル（head of state）と国のリーダー（head of government）のいずれも国民自身が選べる。議会制よりも著しく民主的だ。しかも非常に強力なリーダーシップを期待しやすい。

　そんな素晴らしく分かりやすい仕組みなのに、現代の国際社会では人気が低い。その主たる理由としては「政府と議会が対立しやすく政情不安（political unrest）になりやすい」という点が挙げられる。

大統領制の特徴

民主的性向

シンボルもリーダーも
国民自身で選出できる

安定的地位

任期終了まで
地位を継続できる

対立的環境

政府と議会が
対立しやすい

　議会制では、議会の多数派から支持された人物が政府首脳となる。つまり、権力分立とはいいながら、政府と議会は融合している。だから、政府と議会は基本的に仲がいい。首相が何かをやろうと言い出せば、たいていの場合、議会の多数派が協力してくれる。

　一方、大統領制だと、政府首脳を選ぶのは、議会ではなく国民だ。その結果、議会多数派と対立する人物が政府首脳となる可能性だってある。ゆえに、大統領制では、政府と議会が衝突しやすい。大統領の望む法律を議会が作らない可能性は常にあり得る。議会が予算を通さないので、国家運営の資金が大統領の手元に一銭も入ってこないケースも生じる。そうした衝突が極端にこじれると、解決不可能なほどの政治的混乱（political chaos）が起こる。

　もうひとつ、大統領制の特徴といえば任期制（fixed-term system）だ。議会制だと、議会の多数派が「こいつはリーダーの資質に欠ける」と判断すれば、いつでも首相をクビにできる。しかし、大統領制だと、いったん国民投票で大統領になると、あらかじめ決められている任期を最後まで務めることが可能だ。

　例えば、新しく選ばれた大統領が単なる無能だったと判明した。そう仮定しよう。もちろん、国民の多くが「早く辞めてほしい」と思うはずだ。しかし、大統領制だから、任期が終わるまでは、その大統領でガマンしないといけない。4年も5年も待てない人々がドンドン出てくる。「さっさと暗殺するか」なんて話にもなってくる。大統領制がどれだけ不安定な仕組みか理解できるし、なぜ先進国の大半が大統領制を採用していないかも分かるはずだ。

議会制の欠陥

　ここまで読むと「日本は議会制でよかった」と思うはずだ。大統領制と比較すれば、議会制というのは、なかなかよくできた仕組みだ。しかし、だからといって、議会制に問題がないわけじゃない。その国が議会制の運用方法（operation）を誤ると、大統領制よりも悲惨なことになりかねない。

議会制の特徴

安定性

政府と議会が
協力関係を築きやすい

柔軟性

不適格なリーダーは
適時に解任されやすい

依存性

リーダーの基盤が
議会勢力に依存する

　そもそも、議会制では、リーダーの地位が議会に全面依存している。だから、議会の状況が不安定になると、リーダーの地位も不安定になる。例えば、議会が小党乱立状態だったり、与党内部で様々な派閥が入り乱れていると、首相の地位はガタガタだ。「あのグループは、昨日は首相を支持していたのに、今日はまた不支持に回ってるぞ」なんていう事態だって起こる。

　しかも、議会制だと、国民が国のリーダーを選べない。つまり、大統領制よりも非民主的だ。議会のおエラいさんたちが、自分たちの思惑で首相を選んでいくだけ。議会制だと、国民とリーダーとの関係はどこまでも間接的だ。だから、ただ議会の内輪でウケがいいだけで、国民が名前すら知らないような人物が、簡単にリーダーとなる。それのどこが民主主義なのかという話にもなる。

　ただし、最も重要なのは「議会が国民の意思をちゃんと反映しているか」という点だ。確かに議会制国家の国民は、リーダーを直接選べない。しかし、仮に「議会の意思」が「国民の意思」とほとんどイコールだった場合はどうだろう。リーダー選びに国民が直接関与できなくても、それほど深刻な問題にはならない。だって「国民の意思＝議会の意思」となっているわけだからね。放っておいても、議会のほうで、国民の意向に近い人物を首相に選ぶ可能性が高い。

　逆に言うと、国民全体の意思が議会に十分反映されていない場合はどうなる？　一般庶民が議員に立候補することを阻止されていて、一部の特権階級が議会を牛耳っているような場合はどうなる？

　その議会制国家は形式的にも実質的にも非民主的（undemocratic）だよね。大統領制よりもひどい状況となる。では、日本の議会制はどうなのか。この点に関しては、次回の講義で改めて説明しよう。

01
価値

02
人権

03
教育

04
労働

05
階級

06
結婚

07
生命

08
秩序

09
刑罰

10
象徴

11
政府

12
国民

13
恐怖

主要国のかたち

　前回と今回の講義で＜君主制vs共和制＞＜議会制vs大統領制＞という重要ワードを説明した。では、ここまで学んだことを前提にした上で、主要国の「国のかたち」をざっくりと見てみよう。前回講義で「十字の表」クイズを出したと思うけど、その正解は下のスライドの通りだ。この図を見ながら、さらに読み続けてほしい。

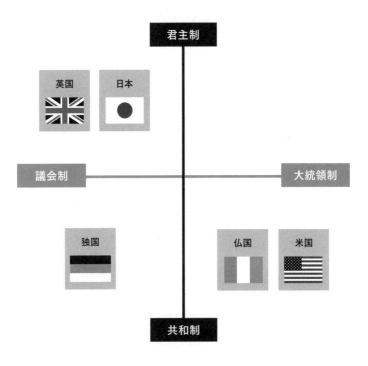

米国──大統領制共和国

　アメリカという国のかたちを一言で説明せよと言われたら、**大統領制共和国**（presidential republic）と答えればいい。アメリカでは、国民投票を経て選出された大統領が、アメリカの国家元首と政府首脳という2つの役割を兼務することになる。

　アメリカは、大統領制という仕組みを世界史上はじめて導入した国だ。今も世界各国から**大統領制の模範**とされている。というより、この地球上で唯一マトモに大統領制が機能している国家だろうね。4年ごとの大統領選挙によって国家元首と政府首脳を兼ねる大統領が選び出される。アメリカ人にとって、大統領選挙は一大イベントだ。至るところで政治的議論が交わされている。

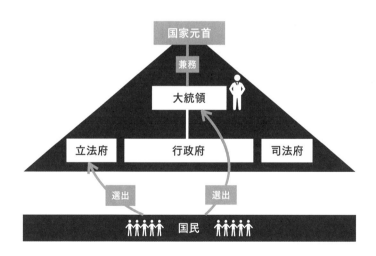

01 価値
02 人権
03 教育
04 労働
05 階級
06 結婚
07 生命
08 秩序
09 刑罰
10 象徴
11 政府
12 国民
13 恐怖

英国──議会制君主国

　イギリスという国のかたちを一言で説明せよと言われたら、議会制君主国（parliamentary monarchy）もしくは立憲君主国（constitutional monarchy）と答えればいい。国家元首は世襲君主の国王、政府首脳は議会から選出された首相となる。

　イギリスは、議会制という仕組みを世界史上はじめて導入した国だ。いまも世界各国から議会制の模範とされている。国家元首である国王が、議会の意向に沿うかたちで首相を任命する。その首相が内閣（cabinet）と呼ばれる国王直属の国家運営チームを作って、イギリスという国を実質的に動かしていく。この慣習は300年以上も続いているイギリスの政治的伝統だ。

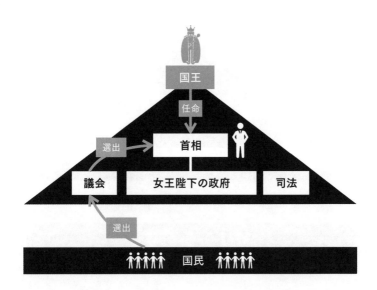

仏国——半大統領制共和国

　フランスという国のかたちを一言で説明せよと言われたら、半大統領制共和国（semi-presidential republic）と答えればいい。おおまかな分類としては、アメリカと同種の国家と言える。まず、フランスには世襲君主は存在しない。だから、国民のなかから大統領を選んで、君主の代わりをやらせている。ちなみに、フランス（France）という国名は略称だ。正式な国名はフランス共和国（French Republic）という。つまり「私たちの国には君主はいません。共和制の国ですよ」と、わざわざ国名を使って自分の国のかたちを説明しているわけだ。

　ただし、さっきも言ったけど、フランスの大統領制は、議会制の仕組みも少し取り入れている。下図を見てほしい。これがフランスという国のかたちだ。これを半大統領制（semi-presidential system）という。

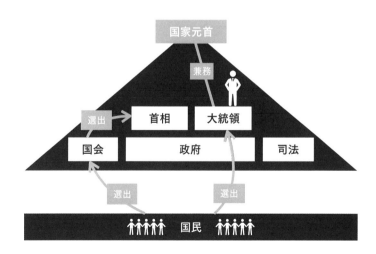

　この制度では、まず国民投票によって国家元首と政府首脳を兼務する大統領が選ばれる。ここまではアメリカと同じだ。ただし、アメリカと違って、政府首脳のポジションは、大統領1人で務めるわけではない。フランスでは、国民が選んだ大統領とは別に、議会の意向に基づいて選出される首相が存在する。大統領は、首相を任命する形式的権限を持っているけど、議会も首相をクビにする権限を持っているので、結局は議会の意向に沿った人物が首相となるわけだ。

　つまり、フランスの政府は、大統領と首相がタッグを組むかたちで運営される。フランスのような半大統領制国家では、国のリーダーたる政府首脳が事実上2人いるわけだ。大統領は、首相の意向（要するに議会の意向）にも配慮しながら国家を運営しなければならない。
　アメリカのような単純な大統領制の国とは事情が異なることがよく分かる。

独国─議会制共和国

　ドイツという国のかたちを一言で説明せよと言われたら、**議会制共和国**（parliamentary republic）と答えればいい。国家元首は儀礼的地位にある大統領であり、政府首脳は議会から選出された首相だ。

　まず、ドイツに君主は存在しない。1918年にドイツ革命という出来事があって、それまでドイツの国家元首だったドイツ皇帝を国外追放したんだ。それ以来、ドイツは共和制になっている（1933-1945年のナチ独裁政権期すら、形式的には一種の共和制に分類される）。

　ちなみに、ドイツ（Germany）という国名は略称だ。正式な国名は**ドイツ連邦共和国**（Federal Republic of Germany）という。ドイツもまた「私たちの国には君主はいません。共和制の国ですよ」と、わざわざ国名を使って自分の国のかたちを説明しているわけだ。

　ただし、ドイツは共和国にもかかわらず、大統領制ではなく議会制を採用している。ここが重要だ。共和制なので、君主の代わりとなる大統領というポストを置く。ただし、この大統領には実質的権力をほとんど与えない。単なる**象徴的地位**だ。しかも、大統領は国民投票によって決めるのではない。全国の有力者たちが集まる**連邦会議**（Federal Convention）というところで話し合って決める。

　では、ドイツの政府首脳は誰か。それは議会によって選出される**首相**（Chancellor）だ。形式的には、国家元首である大統領から任命されて、大統領の下で職務に就く。しかし、実質的には大統領よりはるかにパワフルな権限を持っている。

01 価値
02 人権
03 教育
04 労働
05 階級
06 結婚
07 生命
08 秩序
09 刑罰
10 象徴
11 政府
12 国民
13 恐怖

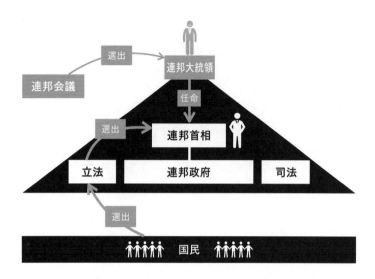

　だから、ドイツは、大統領という肩書の人物が存在するにもかかわらず、大統領制国家ではなく議会制国家に分類されている。**議会制共和国**という国家体制は、日本では馴染みがないけど、実は世界中で普及している。オーストリア、フィンランド、アイルランド、イタリアなどは、すべてドイツと同種だ。儀礼的元首の大統領と実質的指導者の首相という組み合わせで国家が運営されている。

日本─議会制君主国

　最後に、日本を見てみよう。日本という国のかたちを一言で説明せよと言われたら、**議会制君主国**（parliamentary monarchy）もしくは**立憲君主国**（constitutional monarchy）と答えればいい。国家元首は天皇（事実上）であり、政府首脳は首相となる。国のかたちとしては、イギリスと同じタイプだ。

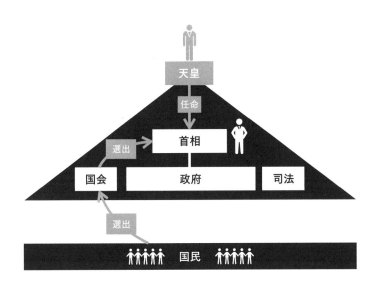

　繰り返すけど、日本が採用している議会制という仕組みそのものは、それほど悪いものではない。しかし、それはあくまで一般論だ。**日本の議会制**は、お世辞にも褒められたものではない。

01 価値
02 人権
03 教育
04 労働
05 階級
06 結婚
07 生命
08 秩序
09 刑罰
10 象徴
11 政府
12 国民
13 恐怖

　下図を見てほしい。これは先進国における政府首脳1人あたりの平均在職期間（戦後）を示したグラフだ。例えば、フランスの大統領やドイツの首相は、1人あたり8年以上を務めている。ところが、日本の首相は2年にも満たない。これは戦前からの伝統だ。伊藤博文から鈴木貫太郎にまで至る戦前期を見ても、やはり平均在職期間は2年にも届いていない。

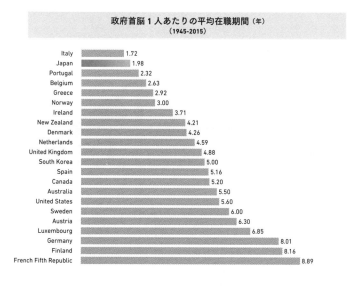

政府首脳1人あたりの平均在職期間（年）
（1945-2015）

Italy	1.72
Japan	1.98
Portugal	2.32
Belgium	2.63
Greece	2.92
Norway	3.00
Ireland	3.71
New Zealand	4.21
Denmark	4.26
Netherlands	4.59
United Kingdom	4.88
South Korea	5.00
Spain	5.16
Canada	5.20
Australia	5.50
United States	5.60
Sweden	6.00
Austria	6.30
Luxembourg	6.85
Germany	8.01
Finland	8.16
French Fifth Republic	8.89

さきほど、大統領は任期制だと言った。主な大統領制国家の憲法を読んでみると、任期を4〜5年に定めているケースが多い。これは、リーダーが「国民のための政策を企画して、実行して、検証する」までには、およそ4〜5年の期間は必要だろうという考え方に基づいている。逆に言えば、在職期間が4年にも満たないリーダーは、大した仕事もせずに辞めているに過ぎない。この点、戦後日本の首相のうち、4年以上仕事を続けた人間はわずか6人だ。

幣原喜重郎	1945-1946	0.62年		海部俊樹	1989-1991	1.69年
吉田茂（1）	1946-1947	1.01年		宮沢喜一	1991-1993	1.76年
片山哲	1947-1948	0.80年		細川護熙	1993-1994	0.72年
芦田均	1948-1948	0.60年		羽田孜	1994-1994	0.18年
吉田茂（2）	1948-1954	7.17年		村山富市	1994-1996	1.54年
鳩山一郎	1954-1956	2.04年		橋本龍太郎	1996-1998	2.55年
石橋湛山	1956-1957	0.18年		小渕恵三	1998-2000	1.69年
岸信介	1957-1960	3.40年		森喜朗	2000-2001	0.81年
池田勇人	1960-1964	4.32年		小泉純一郎	2001-2006	5.42年
佐藤栄作	1964-1972	7.67年		安倍晋三（1）	2006-2007	1.00年
田中角栄	1972-1974	2.43年		福田康夫	2007-2008	1.00年
三木武夫	1974-1976	2.05年		麻生太郎	2008-2009	0.98年
福田赳夫	1976-1978	1.96年		鳩山由紀夫	2009-2010	0.73年
大平正芳	1978-1980	1.52年		菅直人	2010-2011	1.25年
鈴木善幸	1980-1982	2.37年		野田佳彦	2011-2012	1.32年
中曽根康弘	1982-1987	4.95年		安倍晋三（2）	2012-2020	7.74年
竹下登	1987-1989	1.58年		菅義偉	2020-2021	1.05年
宇野宗佑	1989-1989	0.19年		岸田文雄	2021-	

01 価値
02 人権
03 教育
04 労働
05 階級
06 結婚
07 生命
08 秩序
09 刑罰
10 象徴
11 政府
12 国民
13 恐怖

日本国の課題

　ところで、ビジネスの世界ではリーダーシップ（leadership）という言葉をよく聞くけど、これってどういう意味だろう。例えば、グロービス経営大学院のサイトでは次のように定義されている。

> "自己の理念や価値観に基づいて、魅力ある目標を設定し、またその実現体制を構築し、人々の意欲を高め成長させながら、課題や障害を解決する行動"

Source: https://mba.globis.ac.jp/about_mba/glossary/detail-12045.html

　では、キミが顔や名前を知っている日本国首相のなかに「魅力ある目標」を国民に向けて提示した人物がどれだけいただろう。そのための「実現体制を構築」した人物がどれだけいただろう。そうした「魅力ある目標」の実現に向けて「人々の意欲」を高めた首相が今まで1人たりとも存在しただろうか。

　また、この定義の最後には「課題や障害を解決する行動」とある。

　現在の日本国には、どのような課題や障害があるか、キミは知っているだろうか。ここでは、日本における主たる政治的課題を4つ挙げておこう。

政府の借金

人口の崩壊

原発の処理

国家の没落

　第1は財政問題だ。日本政府が世界最悪水準の借金を抱えているのは有名だ。この借金を返すために、これからの日本は、とにかく増税、増税、増税だ。国民全体から重い税金を限界まで搾り取る時代に突入する。キミは、一体なんのために使ってきたのかも分からない天文学的な額の政府債務を返すために、一生をかけて働き続け、その税金を払い続けていくんだ。

　この財政赤字問題は、20年以上前から問題視されてきたにも関わらず、歴代政権は事実上放置してきた。リーダーシップをとって、長期的視野からこの問題を解決に導いたリーダーは、残念ながら今まで1人たりとも存在しない。

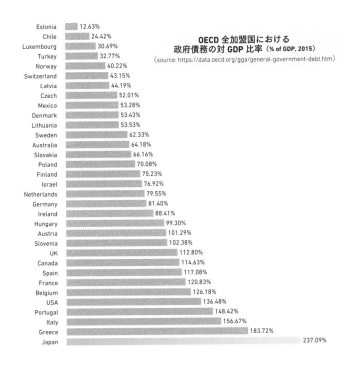

**OECD 全加盟国における
政府債務の対 GDP 比率**（% of GDP, 2015）
（source: https://data.oecd.org/gga/general-government-debt.htm）

国	%
Estonia	12.63%
Chile	24.42%
Luxembourg	30.69%
Turkey	32.77%
Norway	40.22%
Switzerland	43.15%
Latvia	44.19%
Czech	52.01%
Mexico	53.28%
Denmark	53.43%
Lithuania	53.53%
Sweden	62.33%
Australia	64.18%
Slovakia	66.16%
Poland	70.08%
Finland	75.23%
Israel	76.92%
Netherlands	79.55%
Germany	81.40%
Ireland	88.41%
Hungary	99.30%
Austria	101.29%
Slovenia	102.38%
UK	112.80%
Canada	114.63%
Spain	117.08%
France	120.83%
Belgium	126.18%
USA	136.48%
Portugal	148.42%
Italy	156.67%
Greece	183.72%
Japan	237.09%

01 価値
02 人権
03 教育
04 労働
05 階級
06 結婚
07 生命
08 秩序
09 刑罰
10 象徴
11 政府
12 国民
13 恐怖

　第2は人口の崩壊だ。この国では、数十年前から出生率が低水準のままで放置されてきた。その結果、下図の通り、内閣府の甘い見通しにおいてすら、2050年までには人口1億人を割ることがほぼ確定している。1年ごとに数十万人から数百万人が消えていく。1年ごとに地方都市が1つずつ消滅していくようなものだ。

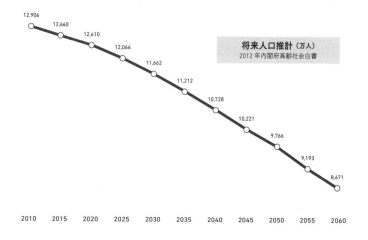

将来人口推計（万人）
2012年内閣府高齢社会白書

| 12,906 | 12,660 | 12,410 | 12,066 | 11,662 | 11,212 | 10,728 | 10,221 | 9,766 | 9,193 | 8,671 |

2010　2015　2020　2025　2030　2035　2040　2045　2050　2055　2060

　しかも、単に人口が崩壊するだけではない。人口の年齢ピラミッドも崩壊していく。こちらの方が深刻だ。内閣府の甘い見通しですら、2060年までには、現役世代と老人世代の割合がおよそ60:40になる。現役世代6人で老人4人を支えるという社会構造は現実的に不可能であり、社会そのものの崩壊だ。

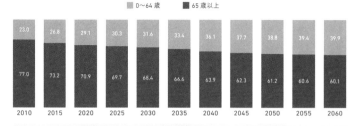

高齢者割合の将来推計（%）
2012 年内閣府高齢社会白書

01 価値
02 人権
03 教育
04 労働
05 階級
06 結婚
07 生命
08 秩序
09 刑罰
10 象徴
11 政府
12 国民
13 恐怖

　この人口崩壊問題も、1980 年代から学者たちが指摘してきたにもかかわらず、歴代政権は**根本的解決策**に取り組んでこなかった。2000 年代以降、その深刻さが顕在化した頃になると「外国人労働者の大量輸入」という選択肢を露骨に採用するようになる。しかし、日本のような人権後進国に、諸外国から大量の移民を無責任に呼び込んだところで、どのような悲劇が大量生産されるか分からない。

　こうした財政赤字や人口崩壊にともなって、社会保障が崩壊する危険性も叫ばれている。特に年金制度の状況は深刻だ。キミは毎月のように年金保険料を払わないといけない。しかし、老後に年金をどれだけもらえるかは未知数だ。むしろ、払い損のまま、死ぬまで労働しなければならない可能性が高い。もはや、この国では「老後を過ごす」という労働者階級に残されたささやかな人権すら、消滅の危機にあるんだ。

　第3は原発問題だ。社会科教育ではあまり明確に教えていないかもしれないが、日本は世界屈指の自然災害大国なんだ。台風、地震、火山、津波など、ありとあらゆる天災が襲いかかる地となっている。

　そのような日本列島のあらゆるところに原子力発電所が存在している。2011年のフクシマ原発事故もまた、地震および津波という自然災害によって引き起こされたものだった。現在、多くの政党が「将来的に原発を少なくしていく、なくしていく」と言っている。しかし、それは単なる口約束だ。

OECD 全加盟国の自然災害リスク指標

Sources: World Risk Report 2016 by United Nations University Institute for Environment and Human Security

Iceland	1.52%
Sweden	2.12%
Norway	2.19%
Finland	2.21%
Israel	2.3%
Estonia	2.36%
Switzerland	2.37%
Luxembourg	2.43%
France	2.62%
Denmark	2.89%
Lithuania	2.92%
Germany	2.95%
Canada	3.01%
Spain	3.05%
Belgium	3.07%
Poland	3.2%
Latvia	3.31%
Czech	3.37%
Austria	3.39%
Slovakia	3.39%
Slovenia	3.41%
Portugal	3.45%
UK	3.54%
Argentina	3.56%
USA	3.76%
Australia	4.22%
Italy	4.42%
NZ	4.55%
Korea	4.59%
Ireland	4.6%
Turkey	5.2%
Hungary	5.32%
Mexico	5.97%
Greece	6.7%
Netherlands	8.24%
Chile	11.65%
Japan	12.99%

　第4は国家の没落だ。20世紀末から21世紀初頭にかけて起こっているIT革命／AI革命は、かつての農耕革命や産業革命に匹敵する人類史上の一大変革だよね。その中心となっているのは、情報技術やコンピュータサイエンスなどを中心とした＜テック＞だ。この世界的なテック革命に伴って、人類社会は飛躍的な経済成長を続けている。

　しかし、日本に限ってみれば、1990年代以来、30年にもわたって経済的低迷が続いている。いわゆる「失われた30年」だ。この30年で、かつて「後進地域」「途上国」と見下してきた近隣地域に、次々と経済水準で抜かれてきたし、今後も次々と抜かれていく。一方で、国内では、財政赤字問題、人口崩壊問題などが放置されたままとなっている。昭和型の非効率的な会社構造も温存されたままだ。明らかに、日本は今後もさらなる没落の道を歩み続ける。

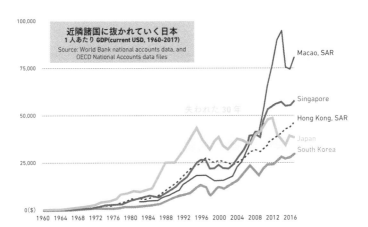

近隣諸国に抜かれていく日本
1人あたり GDP(current USD, 1960-2017)
Source: World Bank national accounts data, and OECD National Accounts data files

絶望の国

　絶望的なのは、こうした諸問題に対する根本的解決策がもはや誰にも提示できないということだ。1990年代から顕在化してきた日本の「泥舟化」は、もはや手のつけようのないところに達している。キミは、そのような時代をこれから生きていかなければならない。

　前回と今回で、キミは「国家」という組織の仕組みを学んだ。そして、キミの頭上に君臨している「日本国」という国家の実態を一言で表現すれば「絶望」こそがふさわしい。

　キミに質問したい。日本という国家をこのような絶望の状況にさせたのは一体誰か。なぜ、この国はこうなったのか。単に政府の連中のせいにすればいいのか。国会議員の連中のせいにすればいいのか。実は、彼らよりも責められ、これからも責められるべき者たちがいる。それは誰なのか。その答えは、次回講義で説明しよう。

LECTURE

12

——

国民

PEOPLE

愛国者よ。祖国を守る準備にかかれ。敵は政府だ。

——エドワード・アビー

国民主権の条件

　いよいよ、この本のクライマックスだ。今回のテーマは「国民」。政治を学ぶ上で最重要の存在について考えてみよう。

　日本政府は、社会科教育を通じて「日本は国民主権国家である」と国民に宣伝し続けてきた。この本をここまで読んだキミなら分かると思うけど、社会科教育とは、中立公正な立場から若者たちに「社会の真理」を伝える場ではない。政府が若者たちに向けて、社会に対する特定の見方、ある特定のイデオロギーを宣伝する場だ。

　では、その社会科教育で教えられている国民（people）とは何か。国民主権（popular sovereignty）とは何か。辞書的に言えば、国民主権とは「国民意思の下に政府が運営されている状況」を指す言葉だ。もちろん、全国民の意思が常に一致することはあり得ない。だから、最終的には、多数決をとって、国民意思をYES/NOで確定させるんだね。

国民主権

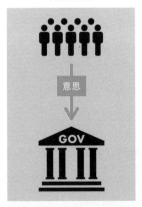

　ただし、日本のように人口の多い国では、全国民の意思を常に確認するのが物理的に困難だ。毎週のように、全国民がどこかに集まって、討議して投票するのは難しい。だから、議会という仕組みがある。全国民の一定割合が国民の代表者（representatives of the people）となる。これが議員だ。国民の代表者たる議員は、議会の建物に集まって、自らの意思を「国民の意思」として表明するわけだ。

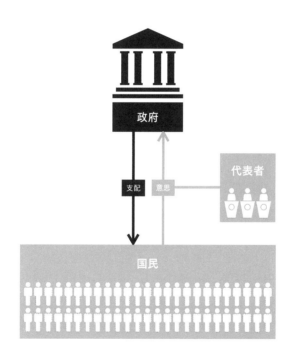

01 価値
02 人権
03 教育
04 労働
05 階級
06 結婚
07 生命
08 秩序
09 刑罰
10 象徴
11 政府
12 国民
13 恐怖

　ここまでは、国民主権に関する初歩的な説明だった。本題はここからだ。では、この国民主権という状況が実際に成立するには、いかなる要素が必要になるだろうか。国民主権の実質的成立条件とは何か。これは大きく2点に分けることができる。

　第1は公平性だ。つまり、全国民に向けて、議員に立候補する機会が偏りなく保障されていなければならない。そのような保障がなければ、特定の社会階層・社会集団の人間ばかりが議員になる可能性が生まれる。結果的に、全国民の意思と議会の意思が大きく乖離する事態も生まれる。それでは、国民主権が実際に成立していることにはならない。

　第2は実体性だ。つまり、国民全体が政府運営に参加する意思と能力を有していなければならない。国民主権とは、そもそも国民が「自分の国はこうあるべきだ」という意思を実体として持っていることを前提としている。国民の大半がその意思そのものを失っている状況、意思構築の能力を失っている状況では、やはり国民主権が実際に成立していることにはならない。

国民主権の公平性

　では、日本では、この2つの条件が満たされているのだろうか。まず第1の公平性から見てみよう。

　まずは下図を見てほしい。これは先進国の下院議員がどれだけ給与をもらっているかを示すグラフだ。これを見ても分かるように、日本の国会議員の給与は世界トップクラスだ。国会議員の給与を歳費（厳密には歳費＋期末手当）と言うんだけど、これは歳費法という法律によって額があらかじめ決まっている。ワケはない。自分たちの給与を自分たちで勝手に決めているだけだ。

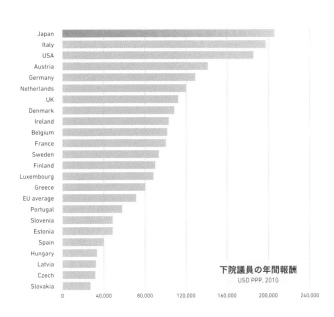

下院議員の年間報酬
USD PPP, 2010

01 価値
02 人権
03 教育
04 労働
05 階級
06 結婚
07 生命
08 秩序
09 刑罰
10 象徴
11 政府
12 国民
13 恐怖

日本の国会議員がもらっているのは歳費だけではない。文書通信費というものがある。通信費や郵便代という名目で月100万円、年間1200万円が支給されている。この文書通信費は、実際に何に使ったかを報告する義務がない。つまり、事実上は自由に使えるカネだ。

だから、文書通信費のことを「第二給与」「闇給与」という。歳費と文書通信費を合わせれば、年間3400万円。これが日本の国会議員の実質的な年間給与だ。

これだけではない。立法事務費や政党交付金といった公的資金が議員1人につき何千万円と投入されている。使途制限はない。それらも含めたら、1人の国会議員あたりに費やされる税金は、1年間で1億円以上だ。さらに、ベテラン議員になれば、懇意にしている民間企業や業界団体から政治献金や役員報酬を受け取る。この国では、表向き、議員が企業・団体からカネを受け取ることに規制がかかっているけど、現実にはいくらでも抜け道がある。

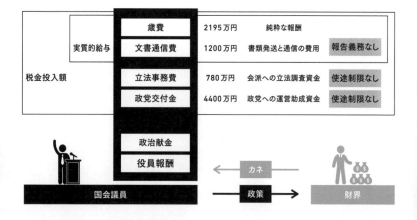

	歳費	2195万円	純粋な報酬	
実質的給与	文書通信費	1200万円	書類発送と通信の費用	報告義務なし
税金投入額	立法事務費	780万円	会派への立法調査資金	使途制限なし
	政党交付金	4400万円	政党への運営助成資金	使途制限なし
	政治献金			
	役員報酬			

国会議員　←カネ　政策→　財界

とにかく、われわれ一般庶民と比較して、色々とおいしい思いができる職業、それが国会議員だ。政治家が自分の地位を我が子に**世襲**させたがる理由がよく分かる。

要するに、日本における選挙とは、この世界最高クラスの待遇をめぐって争われる**ハイリスクなゲーム**なんだ。それ以上でもそれ以下でもない。国会議員を目指す者たちは、最低1000万円以上の資金を投じて、選挙区の後援体制・知名度・組織票などを競い合っていく。

それで選挙に勝てば、年間数千万円の収入と立法権をゲットして、それまでに費やしたコストを無事回収できる。選挙に負ければ、それまでに投じた莫大な費用がムダになるというだけの話だ。

結局、キミのような労働者階級が議員に立候補するなど経済的にほぼ不可能だ。現在の勤務先を退職して、さらには1000万円以上の選挙資金を借金してでも用意して、選挙という「ギャンブル」に大金を投じるなど、ただの**自殺行為**（suicide bid）だろう。

結果として、この国で議員になる人間は、そういうハイリスクに耐えられる特定の社会階層が大半だ。何千万円もの選挙資金をポンと用意できるような金持ちか、そういう金持ち連中や企業や団体から支援を受けている元官僚か、カネを使わなくても圧倒的な知名度をすでに有している著名人か。そんな人間は、日本国民の中のほんの一握りだ。そのほんの一握りしか、**立候補する権利**なんて実質的には与えられていないんだね。

01 価値
02 人権
03 教育
04 労働
05 階級
06 結婚
07 生命
08 秩序
09 刑罰
10 象徴
11 政府
12 国民
13 恐怖

供託金

　さらに言うと、日本には、選挙供託金という制度が設置されている。この国では、選挙に立候補する際には、一定のカネを国に預ける義務があるんだ。カネを預けられない者は、立候補する権利を奪われる。しかも、選挙の結果、得票数が一定数に達しなかった場合は、その預けたカネ全額を没収される。

　この選挙供託金という制度は、他の国でもやっているところがある。下図を見てほしい。選挙供託金が存在せず、誰でも無料で立候補できる国も多い。一方で、いくらかカネを出さないと立候補の権利がもらえない国もある。つまり、選挙供託金という制度そのものには問題はないんだ。

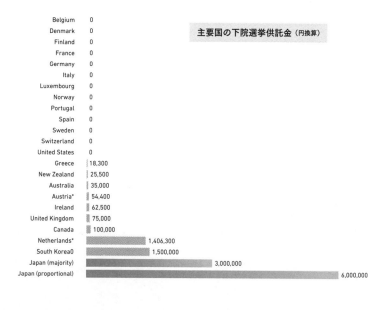

国	主要国の下院選挙供託金（円換算）
Belgium	0
Denmark	0
Finland	0
France	0
Germany	0
Italy	0
Luxembourg	0
Norway	0
Portugal	0
Spain	0
Sweden	0
Switzerland	0
United States	0
Greece	18,300
New Zealand	25,500
Australia	35,000
Austria*	54,400
Ireland	62,500
United Kingdom	75,000
Canada	100,000
Netherlands*	1,406,300
South Korea0	1,500,000
Japan (majority)	3,000,000
Japan (proportional)	6,000,000

　問題はその額だ。この図の一番下を見てほしい。これが日本の選挙供託金の額だ。もし、キミが「いまの政治に不満がある。自分の声を政府に届けたい」と言って、総選挙に立候補する場合、小選挙区（majority）から出る場合は300万円、比例代表区（proportional）から出る場合は600万円ものカネを出さないといけない。世界最高額だ。

　国税庁の統計に基づけば、この国における賃金労働者の年間給与平均額は450万円前後に過ぎない。この国は、労働者の年収と同水準のカネを要求している。公職に立候補するというホモサピエンスとして当然の権利を行使することに対してだ。

　キミの保護者の置かれた状況を見てほしい。ささやかな年収のなかから、家のローンを払い、車のローンを払い、我が子の学費を払うのに精一杯だ。そんなお父さんお母さんが、300万円、600万円なんてカネを用意できると思うかい？

　この制度が導入されたのは1925年だ。普通選挙法が成立して、あらゆる成人男子に投票権が与えられた頃のこと。労働者階級の政治参加がようやく公式に認められた時期のことだ。

　当時、日本の内政を実質的に指揮していた内務省は、労働者階級の政治参加を認める方向に進みつつある国際社会の流れに逆らえず、やむなく普通選挙体制を整備した。しかし、一方で、内務省は、大衆の政治参加を実質的に排除できる仕組みを色々と考案した。その代表的なものこそ、高額な供託金制度だった。この制度は、戦後新しく生まれた公職選挙法に盛り込まれて、現在に至っている。

01 価値
02 人権
03 教育
04 労働
05 階級
06 結婚
07 生命
08 秩序
09 刑罰
10 象徴
11 政府
12 国民
13 恐怖

　導入当時から現在に至るまで、日本政府は、この供託金制度について、表向き「売名目的や悪戯目的の立候補を防止するための措置」だと説明してきた。しかし、その実態は明らかに、ボクら庶民を政治から排除する措置として機能してきた。要するに、この国は「日本は国民主権国家です」と繰り返して庶民に向けて喧伝しておきながら、一方では「おまえら庶民は国会議員に立候補するな」と、堂々と法律で命じているわけだ。

国民主権の実体性

01 価値
02 人権
03 教育
04 労働
05 階級
06 結婚
07 生命
08 秩序
09 刑罰
10 象徴
11 政府
12 国民
13 恐怖

　続いて、実体性の条件に話を移そう。国民全体に政府運営に参加する意思と能力があるか否かという点だね。では、その政治的意思と意思構築の能力は、どうやって生まれるのか。それは学問（learning）と余暇（free time）だ。この2つがなければ、国民は政治的意思なんて持つことはできない。

　第1に、国民が政治的意思を持つには、十分な学びが必要だ。自分の属する国家の現状を把握し、そこに存在する問題点を発見し、諸外国と比較分析し、そして自分自身の置かれた状況を把握しながら、最適な政治的意思を構築していく。こうした知的営みを遂行する学力が必要となるわけだ。さらに、第2に、十分な余暇も必要だ。そうした学びは生涯必要。自由時間があればあるほど、その一部を政治に関する学びに割り当てることが生涯確保できる。

　理想的な国民主権国家に生きている人間は、十分な余暇があるから、その自由時間の一部を使って、いま自国が抱えている政治的課題について、専門家の話を聴講したり、自分で大学や図書館に行って調べたりできる。周りの人間と議論したり、自分の意見を発表したり、自分と同じ考え方の者同士で政治運動もできる。そうやって、その国に住んでいるみんなが政治に関わっていく。政府運営に関わっていくわけさ。

　では、日本はどうなのか。休暇がほとんどない惨めな日本人のライフスタイルでは、政治に関わるなんて悠長なことは生涯ムリだ。ほんのわずかしかない余暇は、日頃の過酷な労働による身体的・精神的な疲労を癒すことで精一杯となる。研究やら討議やら運動やら、そんなことをする時間なんて、生涯持つことはできないわけさ。実質的に、政治的能力を持つことは生涯ありえない。それが平均的日本人の一生だ。

民主主義的不能者

　この国民主権の実体性というものに関して、もう1つ言及しなければいけないのが教育だ。

　日本では、読み書き計算を中心とした労働者教育（formation of laborers）は熱心に実施されている。キミも、幼少時よりイヤというほど、そういう教育を受けてきたはずだ。読み書き計算もできないような国民は、労働力として使い物にならないわけだから、政府も最低限の教育予算は投入するし、親だってカネを出す。

　一方、教育には、もう一種類別のものが存在する。それが市民教育（citizenship education）だ。ボクらは、労働者であると同時に市民でもある。ここでいう市民とは「政治に積極的に関わる人々」のことだ。ボクらは、単に世界に向けて労働を提供するだけの存在ではない。この世界そのものを変える存在でもある。その市民になるための、言い換えると、政治的存在になるための教育こそが市民教育だ。端的に「政治教育」と言い換えてもいい。

労働者教育
組織の命令を忠実に
遂行する人間の育成

市民教育
政治に積極的に関与して
世界を変える人間の育成

LABORER

CITIZEN

　例えば、高額な授業料を要求されて教育を受ける権利が侵害されたり、どこの会社に転職してもサビ残を強要されたり、将来もらうべき年金がもらえなくなったり——そうした政治的課題に自分自身が直面した時、どんな政治的アクションを取ればいいのか。どうやって政府を動かすような政治運動をすればいいのか。そもそも自分の属する国家はどのような状況にあるのか。そういうことを学校の仲間たちと討論したり、一緒に熟慮したりするんだ。

　ボクらは、小中高で「国民主権」とか「基本的人権」といった空疎な言葉をずっと暗記させられてきた。しかし、その主権や人権を実際に獲得するには、実際に政治的行動をとる必要がある。「主権」や「人権」や「民主主義」なんて言葉は、実体を伴っていなければ、ただのファンタジーにすぎない。

　この本の中で、ボクは「資本主義を支持しながら資本主義を傍観するしかない滑稽な人々」について指摘した。それと似たようなことが民主主義についても言える。

　ボクらは、今までさんざん「民主主義はすばらしい」という価値観を聞かされてきた。確かに民主主義はすばらしいのかもしれない。

　しかし、そのすばらしい民主主義に参加する能力をボクらは持ってない。まさに「民主主義を支持しながら民主主義を傍観するしかない」という滑稽な状況にボクらは置かれているんだ。

01 価値
02 人権
03 教育
04 労働
05 階級
06 結婚
07 生命
08 秩序
09 刑罰
10 象徴
11 政府
12 国民
13 恐怖

しかたがないの国

　この国民主権の実体性というものに関して、もう1つ指摘しておきたいのが丸山真男の教えだ。丸山真男というのは、もう死んでしまった随分むかしの政治学者なんだけど、この人は、1952年に発表した論文の中で、日本人の精神構造を象徴するものとして「しかたがない」という日本語について言及している。

丸山真男
（1914-1996）

現実とは本来一面において与えられたものであると同時に、多面で日々造られて行くものなのですが、普通「現実」というときはもっぱら前の契機だけが前面に出て現実のプラスティックな面は無視されます。
いいかえれば現実とはこの国では端的に既成事実と等置されます。現実的たれということは、既成事実に屈伏せよということにほかなりません。現実が所与性と過去性においてだけ捉えられるとき、それは容易に諦観に転化します。「現実だから仕方がない」というふうに、現実はいつも「仕方のない」過去なのです。

丸山真男「＜現実＞主義の陥穽」『世界』1952年5月号掲載より引用

　ボクらは、大人になるにつれて「現実的になりなさい」と言われるようになる。現実的にものごとを考えるのが大人への第一歩なんだとね。しかし、現実的になるとはどういうことか。いまキミの目の前に、醜悪で汚い現実世界が広がっている。この世界を自分が考える理想的な世界に変えていく。つまり、単に理想を頭の中で思い描くだけではなく、その理想に向けて現実を具体的に造り出すことが「現実的になる」の本来の意味だ。

　しかし、日本人の場合は違う。日本人にとっての現実主義とは「上から与えられた現実に屈服する」というだけのことだ。その現実に屈する際に日本人が呪文のようにつぶやく言葉が「しかたがない」なんだ。

　キミも、今までの人生の中で、どれだけ「しかたがない」という言葉をつぶやいてきた？ とてつもない数のはずだ。ご先祖様たちに感謝しなきゃね。昔の日本人たちが、日々のつらくて苦しくて醜い現実から逃避できる言葉を既に開発して、キミのために用意してくれていたんだ。

　キミはこれからも「しかたがない」という気持ち悪い呪文を無数に吐きながら生きていく。大学の学費が高いのはしかたがない。バイトの時給が低いのはしかたがない。サビ残をやらされるのはしかたがない。満員電車に乗らされるのはしかたがない。年金をもらえないのはしかたがない。こうやって、日本人は現実から逃げて、そして、政治から逃げ続けて人生を終了させるんだ。

キミは政治的に無価値だ

　この章のテーマは「国民主権」だ。この国民主権について、もっと突っ込んで解説しよう。日本の社会科教育では「日本国民には参政権が保障されている」と若者たちによく喧伝しているよね。ボクらには、政治に参加する権利が与えられているんだとね。

　では、彼らがいう「参政権」とやらの中身はなにか。それは投票用紙（ballot paper）だ。選挙のたびに、政府からもらった投票用紙に好きな候補者や政党名を書くことだ。日本政府は、選挙のたびに、税金を使って、コマーシャルやポスターをたくさん作って、ボクら有権者に向かって投票に行くように訴えかける。「一票を入れることの価値」を説くわけさ。

　しかし、現実をよく見てほしい。例えば、総選挙で衆議院議員1人を選ぶために必要な票数は、およそ8〜9万票だ。キミの一票の価値なんて、その8万分の1に過ぎない。つまり、キミの一票なんて限りなくゼロに近い重さなのさ。こんなこと、現実をそのまま直視すれば、そこらの小中学生でも理解できる。

　要するに、キミが政府から与えられている投票用紙なんて、ただのゴミだということ。キミの一票に価値はない。キミの一票は、政府の意思決定にほとんど一片の影響も与えない。

キミの一票はゴミである
YOUR VOTE IS WORTHLESS.

　ボクは「投票なんて時間の無駄だからやめておけ」と言いたいわけじゃない。ボクが言いたいのは「自分と同じ投票をするよう大勢の他者に訴えかける行動を伴わなければ、自分の政治的意思は政府に伝わらない」ということなんだ。

　キミの一票は確かにゴミみたいな価値しかない。キミ自身の存在も政府から見ればゴミだ。しかし、自分と同じ価値観を持つ人々がキミと同じ投票行動をとれば、それはもはやゴミではなくなる。自分自身の意思はゴミでも、その意思が多くの人々と共有化されて、集団となって何らかの政治的行動を取れば、確実に政府に影響を与えることができる。このことについて、もう少し詳しく見ていこう。

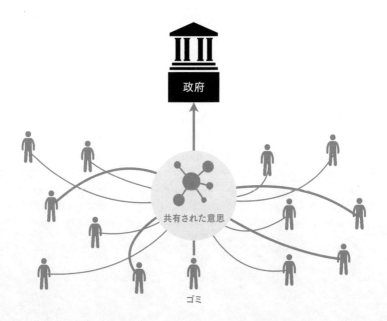

理念による結集

そもそも、日本人の多くは誤解しているけど、キミが政府からもらう投票用紙は、ホモサピエンスに保障されている参政権のごく一部に過ぎない。では、参政権の中心にあるのは何か。

それは、自分の政治的意思をなるべく多くの人々に伝えて、なるべく広く共有することだ。いわば、結集（association）こそが参政権の中心にあるものなんだ。そして、意思を共有する人々と一緒に政治的行動をとり、政府に要求を突きつける。その突きつける手段の1つとして投票があるだけだ。その他にも、言論、研究、ストライキ、ボイコット、暴動、革命など、多種多様な選択肢がある。結集のスケールが大きくなればなるほど、その選択肢は広がっていく。

ここで注意してほしいけど、自分の意思をなるべく多くの人々と共有して、なるべく多くの人々と一緒に行動したかったら、まずはその意思をみんなで同意できるような、なるべく多くの人々で共有できるような理念（idea）に仕上げていく必要がある。

　どんな人間にも、何らかの政治的意思がある。しかし、その意思は、あまりに個別的で、あまりに具体的だ。その意思をもっと抽象的で、もっと多くの人々が共有できて、もっと多くの人々の結集を可能にする象徴的な言葉にしなければならない。それが理念だ。

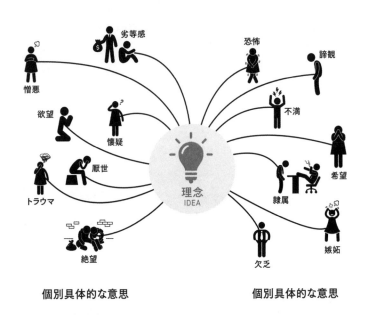

個別具体的な意思　　　　　　　　　　　　　　　個別具体的な意思

　自由、平等、独立、主権、人権、民主主義、共和主義、社会主義。これらはみんな、ホモサピエンスが今まで造ってきた主な理念だ。古代より、ボクらホモサピエンスは、理念の名の下に他者と争い、理念の名の下に政府と闘い、理念の名の下に世界を変えてきた。抽象的理念の下に具体的現実を造ってきた。それがまぎれもないホモサピエンスの歴史だ。

革命

　古代より、世界を変えるためにホモサピエンスが選択してきた政治的行動の1つ——それが革命（revolution）だ。つまり、被支配者たちが違法行為を含む実力手段によって政府を攻撃し、政府を転覆させる「犯罪」だ。

	近現代の主な革命運動	
1688	Glorious Revolution	名誉革命
1775	American Revolutionary War	アメリカ独立戦争
1789	French Revolution	フランス革命
1791	Haitian Revolution	ハイチ革命
1830	July Revolution	フランス七月革命
1848	Revolutions of 1848	1848年革命
1850	Taiping Rebellion	太平天国の乱
1871	Paris Commune	パリ・コミューン
1899	Boxer Rebellion	義和団の乱
1911	1911 Revolution	辛亥革命
1917	October Revolution	ロシア十月革命
1918	German Revolution	ドイツ革命
1945	August Revolution	ベトナム八月革命
1956	Hungarian Revolution	ハンガリー動乱
1959	Cuban Revolution	キューバ革命
1960	April Revolution	韓国四月革命
1968	May 68	フランス五月革命
1968	Prague Spring	プラハの春
1979	Iranian Revolution	イラン革命
1986	People Power Revolution	ピープルパワー革命
1987	First Intifada	第1次インティファーダ
1989	Revolutions of 1989	東欧革命
2000	Al-Aqsa Intifada	第2次インティファーダ
2010	Arab Spring	アラブの春

01 価値
02 人権
03 教育
04 労働
05 階級
06 結婚
07 生命
08 秩序
09 刑罰
10 象徴
11 政府
12 国民
13 恐怖

　前ページの図に掲載されている成功例・失敗例をはじめとして、地球上の至るところで、革命運動（revolutionary movement）は無数に展開されてきた。ボクらホモサピエンスの歴史とは、まさに絶え間ない革命の歴史だった。ボクらは常に来たるべき革命（coming revolution）への準備段階に置かれている。そのことだけは間違いない。

　革命という行動は、国家法令から許可を受ける形で実行される性質のものではない。しかし、人類史における革命の重要性を認めて、公式文書において反政府闘争の権利に言及している国家も多い。

フランス人権宣言
DECLARATION OF THE RIGHTS OF MAN AND OF THE CITIZEN

あらゆる政治的集合体の目標は、人間の有する取消不可能な自然権の保護にある。その権利とは、自由、財産、安全、そして、抑圧に対する抵抗である。（2条）

ドイツ連邦共和国基本法
BASIC LAW FOR THE FEDERAL REPUBLIC OF GERMANY

他に救済手段がない場合、すべてのドイツ人は、憲法秩序を廃止しようとする者に対して抵抗する権利を有する。（20条）

ギリシャ憲法
CONSTITUTION OF GREECE

ギリシャ人は、憲法を暴力的に廃止しようとする者に対して、あらゆる手段を用いて抵抗する権利と義務を有する。（120条）

アメリカ独立宣言
UNITED STATES DECLARATION OF INDEPENDENCE

権力の濫用と権利の侵害が長期にわたって続いており、人民を圧政の下に置こうとする意図が絶え間なく見られる場合、そのような政府を転覆して、将来の安全のために新たな政府組織を作ることは、人民の権利であり義務である。

ボクらは、ホモサピエンスとして生まれてきた時点で、様々な人権を無条件で手にしている。その様々な人権の中でも最も重要なものこそ**革命権**（right of revolution）だ。ボクらは絶え間なく革命を繰り返しながら、少しずつ世界を変えてきた。そして、こうした人類の営みは確実にこれからも続いていく。

　しかし、ここで考えてほしい。我々ホモサピエンスが自らの人生時間を費やしてまで、祖国をより良くするために政府と闘うには、その地に相当の魅力がないといけない。そうでなければ、単に他国へと移住すればいいだけの話だ。

　ボクらが政府と闘う方法はたくさんある。投票、言論、研究、ボイコット、ストライキ、暴動、革命。いくらでもある。しかし、そもそも、自分の国にそれほどの魅力がなければ、そういう政治的行動を取るモチベーションが乏しくなる。

　さて、キミがいま住んでいる日本列島という地は、キミが政治的行動を起こすほどの価値を持っている地なのか。たとえ日本という泥舟がこのまま没落と破綻に向かうとしても、ほかの船に乗り移ればいいだけのはずだ。キミが選択すべきなのは、闘争（fight）ではなく、逃走（flight）ではないのか。

闘争
fight

逃走
flight

終身旅行者

キミは、この本を通じて色々なことを学んできた。そうやって学んだ結論として、もしかしたら、キミは、日本以外のどこか理想的な国に移住したいと考えたかもしれない。

しかし、この世界に完全無比の理想郷なんて存在しない。それに、「日本よりマシ」な国を見つけて、そこに移住しても、その国が未来永劫「日本よりマシ」な国であり続ける保証はない。結局、単なる移住では、特定の国家に隷属する状況、特定の国家に自分の人生が左右される状況は、何も変わらない。自由な人生を獲得する手段としては不十分なんだ。

ここで、特にリバタリアンの視点から注目されているコンセプトがある。それが終身旅行者(permanent traveler)だ。世界各国で短期滞在を繰り返して、非居住者という法的地位で生涯を送る選択肢だ。重税、圧政、戦争、自然災害、未開文化、人権侵害。ボクらは、古代からそういった苦痛に甘んじてきた。しかし、よく考えてみれば、そういった苦痛の大半は、人間がどこかの地に定住し、その地の政治や文化や環境に従わざるを得ないことに起因する。だとしたら、居住者(resident)であることをやめて、非居住者(nonresident)という法的地位になればいいんじゃないか。そういう背景の下、終身旅行者という概念が20世紀後半になって生まれた。

01 価値
02 人権
03 教育
04 労働
05 階級
06 結婚
07 生命
08 秩序
09 刑罰
10 象徴
11 政府
12 国民
13 恐怖

　この「終身旅行者」という言葉を聞くと、世界中を無計画に放浪し続けるのかな、というイメージを抱く。しかし、そうじゃない。終身旅行者の場合は、いくつかの拠点国を自分で決定するんだ。そして、その拠点国を中心にして人生を送ることになる。

　終身旅行者に関してはFive Flags Theoryという理論があって、だいたい5つの拠点国を決めておくのが定石となっている。下図を見てほしい。これが5つの拠点だ。1つずつ説明していこう。

FIVE FLAGS THEORY

　第1は**国籍登録国**。文字通り、自分の国籍を登録しておく国だ。この国籍登録国に関しては、パスポート価値の高い国を選んでおくといい。パスポートは、発行する国によって価値が違ってくる。一般的に、先進国のパスポートになると、どんな国にも入国できる。一方で、発展途上国のパスポートほど、入国できる国が少なくなる。つまり、パスポートの価値が低くなるんだ。

　ここまで言うと、パスポート価値がある程度高い日本に国籍を置いておけばいいように思える。ただし、国籍登録国を選ぶには、もう1つの重要な基準がある。それは**多重国籍**（multiple citizenship）を認める国か否かということだ。複数の国籍を持てば、複数のパスポートを保有できる。その分、様々なケースに応じてパスポートを使い分けることが可能となる。いわば、出入国のリスク分散化だ。

多重国籍が認められているか （2018年時点）
OECD member states

Australia	YES	Japan	NO
Austria	NO	Luxembourg	YES
Belgium	YES	Mexico	YES
Canada	YES	Netherlands	NO
Chile	YES	New Zealand	YES
Czech	YES	Norway	YES
Denmark	YES	Poland	NO
Estonia	NO	Portugal	YES
Finland	YES	Slovakia	NO
France	YES	Slovenia	YES
Germany	YES	South Korea	YES
Greece	YES	Spain	YES
Hungary	YES	Sweden	YES
Iceland	YES	Switzerland	YES
Ireland	YES	Turkey	YES
Israel	YES	United Kingdom	YES
Italy	YES	United States	YES

　第2は住所登録国。文字通り、自分の住所を登録しておく国だ。この住所登録国に関しては、やはり租税回避地——すなわち、タックスヘイブン（tax haven）が望ましい。国家は、自分の領地に住んでいることを根拠にして、いろいろな税金をボクらから奪っていく。日本だって、住民票を元にして、労働者から定期的に税金を請求してくる。とにかく、住所を登録していることを根拠にして、重い税金を取りに来るような国に住所を登録すべきではない。

　第3は経済活動国。要するに、カネを稼ぐ拠点となる国だ。これに関しては、法人税率の低い国が望ましい。終身旅行者になると、1つの会社、1つの組織に従属することは難しい。結局、自ら法人化した上でビジネス活動を展開した方がよい。ゆえに、そのビジネス活動に対して重税を課す国には、できる限り法人として登録すべきではない。もしくは、法人税率が多少高くても、その代わりに規制緩和が進んでいてスムーズなビジネス活動が可能な国でもOKだろう。

南太平洋上に位置するバヌアツ共和国のリゾート地。同国は所得税等がほとんどかからない典型的なタックスヘイブンであり、住所登録国としては最善の選択肢の1つである。

　第4は**資産運用国**。要するに、カネを運用する拠点となる国だ。資本主義世界では、ビジネス活動でカネを稼ぐだけではなく、稼いだカネを投資と投機に回して、さらにカネを増やす必要がある。特に、市場の値動きを利用したキャピタルゲインを獲得していくのが効率的だ。ところが、国によっては、このキャピタルゲインに対して重税を課してくる。だから、キャピタルゲイン課税率が低い国を選んで、その国で投資活動を展開する必要がある。

　第5は消費活動国。カネを使う拠点となる国だ。ボクらがなぜカネを稼ぐかというと、当然ながら自分のやりたいことをやるためだ。その拠点となるのが消費活動国だ。これに関しては、消費税率の低い国がよい。また、消費税率よりも自分の文化的志向に合わせて国を選ぶのもよいだろう。自分の好きなもの、自分が体験したいものが豊富にある文化的な国を選ぶべきだ。

　ボクは、階級に関する章において「本書の最後において、キミが自由を獲得するための選択肢を2つ紹介する」と予告しておいた。そろそろ、その2つを提示しよう。第1は、もちろん政治的結集だ。これはキミもだいたいの予想がついていたはず。しかし、現代人のボクらには、第2の選択肢が存在する。それが終身旅行者。現代において個人的自由を最大限に獲得する現実的手段としては、この終身旅行者こそが最も検討に値するものだ。

　今回の講義のテーマは「国民」だった。しかし、そもそも、ボクらは、どこかの国家に支配される国民であり続けるべきなのか。これだけ移動手段や情報手段が発達したグローバルな時代では「どこかの国に定住する」という行為そのものを問い直すべきだ。ボクらが選ぶべきは「政治家」でも「政党」でもなく「生き方」そのものではないのか。

　いずれにせよ、最悪の選択は、どこかの地に定住することを選択したにもかかわらず、その地をより良くするための行動を何もせずに、上から与えられた「苦痛多き人生」をムダに送り続けることだ。

恐怖

国民が政府を恐れてはならない

政府こそ国民を恐れるべきだ

——映画『Vフォー・ヴェンデッタ』より

国家の誕生

　この本もいよいよ最終講義となる。この本は、大学に入ったばかりの若者たちを政治的存在にすることが目的だった。日本の大学生に向けた「政治へのプロパガンダ」のようなものとして書いてみた。最終回では、本書の内容を振り返りながら最後のまとめに入ろう。

　今から数千年前、ホモサピエンスの世界に、国家（state）が誕生した。ちょうど農耕や牧畜が始まった頃だ。それ以来、ボクらは国家という組織に支配される存在であり続けている。なぜ、人間世界に国家というものが必要となったのか。そこには３つの理由がある。

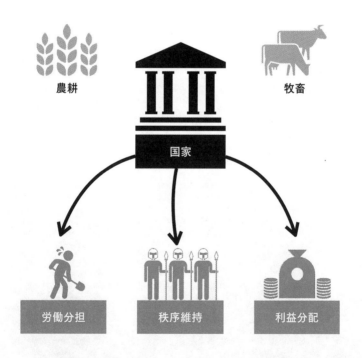

農耕

牧畜

国家

労働分担　　　秩序維持　　　利益分配

第1は**労働分担**（segregation of duties）だ。農耕革命が起こって、人間たちがやるべき仕事の量は激増した。また、農耕をやる前と違って、多種多様な労働の種類が生まれた。誰がどの労働をどれぐらい担うのか、それを決めていかないといけない。時としては、事実上強制的にでも誰かに特定の労働をやらせないといけない。その仕組みづくりを国家がやるようになった。

第2は**秩序維持**（preservation of order）だ。農耕や牧畜による生産が安定化して、富が大量に増えると、その富をめぐる争いも増える。コミュニティ内部の仲間同士が対立する。コミュニティ外部から富をねらう略奪者たちがやってくる。そうした争いごとに対処する仕組みも国家が担うようになる。国家は、秩序を維持するための巨大暴力機関として人間たちの前に君臨し始めた。

第3は**利益分配**（share of profits）だ。大量の富が生まれると、その富をコミュニティ内部の誰にどのくらい分配していくのかが人間たちの重要な関心事となる。この利益の配分をめぐっても、国家は大きな役割を果たすようになる。富がどのようなルートで誰の手元に流れていくのかの仕組みを作るようになるわけだ。

01 価値
02 人権
03 教育
04 労働
05 階級
06 結婚
07 生命
08 秩序
09 刑罰
10 象徴
11 政府
12 国民
13 恐怖

階級の誕生

　一方、国家の果たしてきた最大の役割は、階級区分（class division）の構築だった。農耕や牧畜によって生まれた富が特定集団のもとに吸い上げられるシステムをどうやって永続的に維持するのか。富を生み出すために必要な労働という苦痛をどうやって下々の民に押し付けていくのか。「管理する階級と管理される階級」「労働させる階級と労働させられる階級」をいかに固定化させていくか。そういった課題に取り組むことこそ、国家にとって最大の役割だった。

　要するに、国家が生まれた頃から、ボクらホモサピエンスは、それまでとは比較にならないほど頑丈な階級社会（class society）のなかに組み込まれた。その階級社会が安定して維持されることを国家は「秩序」「平和」と呼んだ。

　階級社会では、上の階級ほど不満が少なく、下の階級ほど不満が多くなる。そこで国家はあるツールに頼ってきた。それは恐怖（fear）だ。国家は人間を支配するために恐怖を利用し続けてきた。

　人間に恐怖を与える方法は色々あるけど、最も直接的で効果的なのは暴力（violence）だ。暴力を背景にして人間に恐怖を与え、人間を支配する。そのために、古代から国家は暴力装置（organizations for violence）を独占的に保持してきた。軍隊や警察のことだ。

　例えば、軍隊（military）は、表向き「国外」から自国を襲ってくる敵に対抗するための存在となっている。しかし、一方で、軍隊はいつの時代も「国内」に刃を向けてきた。政府に反対する国内勢力が大きくなり、抗議運動や暴動が盛んになると、軍隊は容赦なく剣や銃口を「国内」に向けて、恐怖による鎮圧を図ってきた。

1905年1月22日、ロシア帝国の首都サンクトペテルブルクで起きた血の日曜日事件（Bloody Sunday）では、権利請願の行進に参加していた労働者たちに向けて、政府当局の動員したロシア軍が発砲。少なくとも100人以上が死亡して、6000人以上が逮捕された。Still from the movie Devyatoe Yanvarya（1925）. Public domain.

　警察（police）もまた同じだ。表向きは犯罪を取り締まるために存在する。一方で、どこの国でも、警察は、政府にとって都合の悪い国内勢力を調査し、その行動を物理的に封じ込める業務にも従事してきた。有史以来、国家の有する暴力装置は「恐怖による人間支配」を具体的に実現するツールとして最大限に活用されてきた。

　刑罰に関する講義を思い起こしてほしい。古代から国家は人間に対して刑罰を課してきた。その目的はいくつも挙げられる。報復、祝祭、抑止、隔離、矯正。しかし、それらを上回る**刑罰の普遍的目的**が存在する。古代から、どこの国家においても観察できる刑罰の根本的目的。それを漢字二文字で答えてみてほしいと受講生に問うた。そろそろ、その答えを言わないといけない。

　もちろん、それは恐怖だ。国家が自国領土に住む人間たちに対して「我々は、おまえらをいつでも社会的に抹殺できるし、おまえらをいつでも合法的に殺害できるのだ」という恐怖を与えることこそ、刑罰の普遍的目的だった。古代より、国家は、刑罰を「権力の証明手段」として利用してきた。生命刑や身体刑を執行することによって、国家権力による「暴力の独占状況」を人々に知らしめてきた。

　国家の頂点には王がいた。国家の中心地には神殿があった。王は政治的指導者であると同時に宗教的指導者であることが多かった。もしくは、宗教によって自分を権威づけていた。ある国の王は「自分は神である」と下々の民に信じ込ませた。ある国の王は「自分の地位は神から与えられた」と民に向けて喧伝した。もちろんただのウソだ。しかし、ウソも繰り返して唱え続ければホントになる。

　こうして、国家は、王を中心とした特定一族の血統によって形成されていく。やがて、国民は、王というシンボルの下にまとまり、その血統の下に統合されていった。国民は、王と結びついた特定の宗教の下に、特定の教育を受け、特定の戒律を植え付けられていく。

　そうした宗教や戒律は人間に恐怖を与えるファクターでもあった。この教えに逆らえば、神からどのような罰が下るのか、死後どのような目に遭うのか——そのような信仰心に基づく恐怖の感情もまた、人間たちをコントロールする道具であり続けた。

恐怖と希望の渦巻く世界

　繰り返そう。国家の根源にあるのは恐怖だ。ボクらは恐怖に基づいて生きている。人間はいろいろな選択をしながら人生を歩んでいくけど、その際の最大のモチベーションとなってきたのは、愛でも友情でもなく、恐怖だった。

　この本を読んでいるキミも、自分の人生を振り返ってほしい。なぜ猛暑のなかグラウンドで運動会の行進をしてきた？　なぜ苦痛だらけの受験勉強に10代の青春を費やしてきた？　働きたいわけでもないのに、なぜ大学4年になると必死に就職活動をする？　なぜ毎朝のようにブタ小屋にも劣る満員電車に乗り込む？　楽しいからか？　嬉しいからか？

　違う。そうした人生の重要な岐路においてキミが取る選択──その選択の根源的理由は恐怖だ。別にやりたくもない、楽しくもない。でも、上から与えられたレールに背いたら、もっとイヤなことが起こるんじゃないか。もっと大きな恐怖が待っているんじゃないか。そういう底知れぬ恐怖心に突き動かされて、ボクらは生きている。そういう恐怖が社会に浸透しているのは、人々を支配する連中にとって都合がいい。都合がいい恐怖はいつまでも続くわけだ。

01 価値
02 人権
03 教育
04 労働
05 階級
06 結婚
07 生命
08 秩序
09 刑罰
10 象徴
11 政府
12 国民
13 恐怖

　ここで、キミは反論するかもしれない。私を動かしているのは恐怖ではない。希望（hope）であると。確かに大学受験も就職活動も苦痛だし、つまらない。しかし、そんな苦痛に耐えて、そのレールに従っていれば、いつか何かいいことがあるんじゃないか。

　大学受験を頑張っていれば、いつかいいことが起こる。就職活動を頑張っていれば、いつかいいことが起こる。満員電車に耐えていれば、いつか自分のやりたい仕事ができる。課長の罵詈雑言に耐えていれば、いつかなりたい自分になれる。今までの苦痛や苦悩をすべて帳消しにしてくれるほどの大きなプロフィットがいつかやってくる。そんな「いつか」という希望こそ、人生の根本原理だとね。確かにそうかもしれない。

　しかし、その「いつか」はいつ来るのか。たいていの場合、その「いつか」はやってこない。よほどの幸運や階級に恵まれた人間でもない限り、ほとんどの人間は、やりたいこともできず、なりたい自分にもなれずに死んでいく。もちろん天国など存在しない。いくら苦行に耐え続けたとしても、いつか天国に行けるわけではない。死んでしまえば灰になるだけだ。それでも、その「いつか」を信じるのは、ほとんど宗教に近い。

　言い換えれば、その「いつか」を人々に信じ込ませることこそ、国家や宗教の役割だった。国家のもう1つの機能は、下々の民に希望を見せることで、世界に秩序を与えることだった。恐怖と希望——ボクら人間は、いつからか、その2つに支配される生き物になった。

政治的に無価値なキミたちへ

　ここで提案だ。ボクらはそろそろ古代から続いてきた「古い国家のかたち」を壊すべきなんじゃないか。

　昔から、国家は王という特定の血統をシンボルとして運営されてきた。特定の神聖なる血統の下に、僕ら人間は国民としてまとまってきた。一方で、国家は、ボクら人間を恐怖というツールによって支配してきた。血統にもとづく権威。恐怖にもとづく権力。それこそが古くから続く伝統的な国家の仕組みだ。そんな世界は、21世紀のいま、壊していかないといけないんじゃないか。

　では、血統から何に置き換えればいいのか？　ボクらは何の下にまとまって生きていくべきなのか。それは理念 (idea) だ。ボクらは、みんなが同意できる理念の下に統合されるべきではないのか。みんなが意見を出し合って生み出す理念の下にまとまって国家を作り、理念の下に世界を変えていくべきではないのか。

　もちろん、その理念は、誰か特定の人間が押し付けるものであってはならない。それでは、その特定の人間の下にまとまっているようなものだ。今までの国家が怪しげな宗教を持ち出して人間たちをまとめようとしてきたのと大差はない。ボクらがまとまるべき理念は、みんなが対等な立場で意見を出し合って育んでいくものでなくてはならない。それこそが実質的な共和国だ。

　さらに言えば、ボクらは、上から与えられる恐怖によってコントロールされてきた。「国民が常に国家を恐れている」世界に生きてきた。この恐怖のベクトルも、そろそろ逆にした方がいい。要するに「国民が国家を恐れる」世界を「国家が国民を恐れる」世界に変えていくべきだ。これからの時代は、上の連中を下々のボクらが常に恐怖によってコントロールする世界を目指していくべきだ。

　思い出してほしい。ボクは、第3回講義で「我々はなぜ大学に行くのか」と問うた。その答えをいま言おう。それは「世界を変える」ことにある。人々が、同じ時間に、同じ場所に集まり、同じ知識を共有し、意見を出し合う。そのなかで理念が育まれ、世界を変えるエネルギーとなる。だからこそ、大学は、全ての人間に開放されるべきだ。「大学に行ける人間」と「大学に行けない人間」の区別を生み出してはいけないんだ。

　最後に、この絵を見てほしい。これは誰もが見たことある絵画だよね。これはウジェーヌ・ドラクロワ（Eugène Delacroix, 1798-1863）というフランスの画家が1830年に描いた La Liberté guidant le peuple だ。日本語に訳せば「民衆を導く自由」となる。

1830年、フランスでは、七月革命という労働者や学生も巻き込んだ革命運動が起こった。それを象徴的に描いた作品だ。現在でも、世界中の人々は「革命」という言葉を聞いた時、この絵画のイメージを頭の中で思い描く。それほど世界史に残る作品だ。

重要なのは、この絵画の中心にいる女性のことだ。ドラクロワは現実の具体的女性を描いたわけじゃない。この女性は「自由」という抽象的な言葉を示すシンボルに過ぎない。この絵画は「自由」というシンボルの下にみなが導かれている様子を描いている。もはや、この頃のフランスでは――上の人たちではなく――対等な立場のみんなで何らかの抽象的理念を築き、その抽象的理念の下にみんながまとまるという社会現象が生まれつつあったわけだ。

それから190年――。現在のフランスが抽象的理念の下にある国となったのかは分からない。しかし、ホモサピエンスたちが、今日もまた地球のどこかで、なんらかの理念の下に集まり、語り、争い、何かを変えようと行動していることだけは確かだ。

本書もこの段落で終わりとなった。最後にまとめよう。ボクらは、もはや古代や中世に生きているわけではない。ボクらが生きている現代では、みんながまとまって共に生きていくために、もはや神も王も必要なくなった。みんなが同意できる理念、対等な地位にある人々によって築き上げた理念さえあれば、みんなでより良い世界を作ることができる。そんなところまでホモサピエンスは進化しつつある。ボクらにとって、理念こそ世界を変える最大の武器なんだ。

POSTFACE

　最後まで本書を読んで頂いた皆さんに、心から感謝申し上げます。アマゾンのレビューも書いて頂けると、今後のさらなる執筆活動の励みになります。また、ボクのTwitterアカウント（@xlix）にて、今後の新作や改訂版についてお知らせしていく予定ですので、よろしければフォローして頂ければと存じます。なお、ボクは、平日昼間から新宿、早稲田、神楽坂界隈の喫茶店によく出没します。見かけたらいつでも声をおかけ下さい。では。

著者

大田比路（おおた・ひろ）

早大法、早大院（修士）、早大政経助手を経て、現在は個人投資家。新宿在住。早大講師（社会科学領域、非常勤）を兼任。https://twitter.com/xlix

政治的に無価値な
キミたちへ

2023年4月23日　初版第1刷発行

著者	大田比路
装丁	山田知子＋門倉直美（chichols）
校正	konoha
発行人	永田和泉
発行所	株式会社イースト・プレス 〒101-0051 東京都千代田区神田神保町2-4-7 久月神田ビル Tel.03-5213-4700　Fax.03-5213-4701 https://www.eastpress.co.jp
印刷所	中央精版印刷株式会社

©Hiro OHTA 2023,Printed in Japan
ISBN978-4-7816-2194-4